AF322369

# LA NOBLESSE

## FRANÇAISE

### ET LES AUTRES

## INTÉRESSANTES RÉVÉLATIONS

PAR

### JEAN LE VENGEUR

1930

IMPRIMERIE AUBANEL PÈRE
AVIGNON

# LA NOBLESSE FRANÇAISE

## ET LES AUTRES

INTÉRESSANTES RÉVÉLATIONS

# LA NOBLESSE

## FRANÇAISE

### ET LES AUTRES

INTÉRESSANTES RÉVÉLATIONS

PAR

JEAN LE VENGEUR

AVIGNON

**MAISON AUBANEL PÈRE, ÉDITEUR**

IMPRIMEUR DU SAINT-PÈRE

HOMMAGE

A

SAINTE JEANNE D'ARC

1429-1929

# INTRODUCTION

Léon XIII écrivant de sa plume d'or à la Nation française commençait sa lettre par ces paroles éminemment
élogieuses : « *Nobilissima Gallorum gens* ». Qu'eût dit ce
grand Pontife si examinant avec soin les mérites respectifs de toutes les classes qui forment notre glorieuse
société, il eût pesé au poids du sanctuaire ceux des nobles
entre les nobles, des vaillants entre les vaillants ?

Leurs hauts faits ont été déjà depuis longtemps splen-
didement nommés dans l'histoire : « *Gesta Dei per
Francos* ». Du reste par suite de leurs pas de géants
dans la magnifique voie du véritable progrès, de bonne
heure, à la fin de la période des Barbares, c'étaient déjà
les seuls qui tiraient l'épée pour le droit et les grandes
causes, les seuls qui savaient mourir pour elles.

Dans cet ouvrage dédié à la noblesse, nous nous défen-
dons, on le comprend, non seulement de louer comme il
conviendrait chacune de ses illustres familles en particulier, — il y aurait infiniment à dire sur les quinze mille
glorieuses souches qui la composent, — nous nous défen-
dons même de signaler les caractéristiques spéciales de
la noblesse de chaque province, de chaque région ; il y
faudrait encore des volumes. Ne pouvant donc célébrer
autant que l'exigerait la justice leurs immortels mérites
avec les détails qui intéresseraient au plus haut point

tous les lecteurs qui réfléchissent, nous dirons les gloires des familles nobles de notre admirable pays, leurs injustes malheurs dans ces deux derniers siècles, leurs espérances chez certaines peut-être trop diminuées à notre époque, et enfin les moyens extrêmement puissants que l'auguste Providence qui veut toujours se servir d'elles met constamment à leur portée, — on le démontrera surabondamment, — afin de reconquérir quand elles le voudront, pour le salut de la France et son bonheur, la place auguste qu'elles ont tenue quatorze siècles dans l'histoire.

Dans les éloges que nous devons prodiguer à notre héroïque noblesse qui a montré dans la dernière guerre que sa tête est aussi ferme, son bras aussi fort et son cœur aussi généreux qu'autrefois, nous nous souviendrons néanmoins de cette maxime littéraire tout à fait juste du grand styliste qu'est La Bruyère : « *Amas d'épithètes*, dit-il, *mauvaises louanges; ce sont les faits qui louent et la manière de les raconter* ». Du reste nous déclarant sans ambages fort peu amateur du lyrisme dans cet ouvrage, c'est de l'histoire, de l'histoire tout à fait sérieuse que nous écrirons.

Y aura-t-il dans cette histoire des choses neuves que nous ferons connaître ? Nous révélerons des faits curieux qui, nous n'en doutons pas, donneront la clef de la plupart des événements qui se sont accomplis depuis deux siècles, ainsi que de la politique actuelle si intéressante des nations modernes. On la croirait plus que jamais livrée au hasard des circonstances ; on reconnaîtra qu'elle est conduite, malgré des péripéties de toutes sortes, par une main d'une habileté consommée qui rapporte tout exclusivement à des fins égoïstes très viles, qui se moque absolument du malheur comme du bonheur de tout le reste de l'humanité pour laquelle, l'histoire le montre, elle a toujours professé un souverain mépris.

La connaissance très claire que nous en donnerons ici permettra aux âmes d'élite qui doivent nous gouverner de s'attaquer directement à la tête de la pieuvre qui depuis deux siècles enserre d'une manière de plus en plus étroite notre France dans ses tentacules terribles quoique cachées, pour absorber impunément ses richesses sans qu'elle s'en aperçoive, la priver peu à peu de toutes ses énergies et la dévorer finalement après lui avoir ravi toutes ses gloires.

La méthode que nous avons suivie dans cet ouvrage, nous la croyons conforme à la saine critique et aux exigences d'une très exacte philosophie. Elle s'appuie sur la multitude des faits qui observés avec le plus grand soin et classés selon une méthode rigoureuse révèlent entre eux une connexion étrange, un enchaînement extrêmement remarquable. Ils sont tout à fait propres à montrer aux yeux les moins avertis cette cause particulière qui a tout intérêt à demeurer dans l'ombre, même profondément cachée, se dissimulant absolument sous des apparences respectables et tout à fait imposantes mais pour procurer finalement notre ruine. On ne s'en douterait pas. Cet ouvrage dévoilera ce grand mal.

Nous devons beaucoup, immensément à notre chère noblesse! Elle ne s'est pas bornée pendant des siècles à nous défendre vaillamment dans de rudes combats, allant seule avec quelques volontaires au devant de l'ennemi, s'exposant bravement au danger, à la mort, laissant combien de ses membres gravement mutilés sur les champs de bataille tandis que nos bons aïeux restaient chez eux tranquillement et en sûreté, paisiblement occupés d'affaires plus ou moins fructueuses et lucratives.

Elle a longtemps aussi veillé à leur sécurité, assurant à peu près seule à l'intérieur contre les bandits la police si dangereuse des routes et la salutaire rigueur des lois et des tribunaux sans lesquelles une société ne pourrait subsister.

Jusqu'à la révolution, dans la diplomatie elle a magnifiquement représenté notre pays à l'étranger, donnant de lui une très haute idée, tenant tête vigoureusement aux prétentions des envieux, traitant fièrement d'égal à égal avec des princes altiers qui dans les conventions internationales en imposent facilement à de simples bourgeois.

Enfin pendant de longs siècles la noblesse a été avec le clergé la plus haute et bienfaisante autorité sociale. Elle a puissamment travaillé à ses côtés pendant longtemps, et par ses leçons et par ses magnifiques exemples, à la plus brillante et aussi à la plus heureuse civilisation qu'ait vue le monde, celle de la France !

Mais d'où vient qu'aujourd'hui notre peuple toujours si prodigue de ses biens et de ses chaudes sympathies envers tous méconnaît d'une façon si étrange et presque indigne ces illustres familles de notre noblesse qui ont tant fait pour lui et à qui, l'histoire vraie le démontre à chaque page, il doit presque tout ce qu'il possède ? D'où vient qu'il n'honore plus comme il le devrait et l'a fait si longtemps, par une reconnaissance généreuse et éternelle, ces fils des héros morts à son service ?

La grande ennemie de la noblesse française que nous dénoncerons, à force d'astuce, d'argent et de perfidie est arrivée en partie à son but. Elle a payé de coupables écrivains pour falsifier en grande partie notre histoire pendant ces cinquante dernières années; ils l'ont fait avec une singulière audace, d'une façon tout à fait cynique et jusqu'à un certain point presque criminelle. Ces indignes Français ont prostitué leur plume, c'est le mot, pour glorifier les pires ennemis de la patrie. Dénaturant une multitude de faits pour tromper d'une façon déplorable notre peuple si loyal, si honnête, mais trop peu sur ses gardes; ils ont travaillé activement à faire mépriser sinon haïr — le mépris est plus accablant que la haine, — les enfants les plus illustres de la France, ses plus généreux bienfaiteurs avec le clergé, que toutes les nations nous envient.

C'est une réparation à cet outrage et qui souhaite d'être éclatante, que ce livre écrit avec un réel bonheur par un fils du peuple, d'une façon toute spontanée, afin d'accomplir un acte de reconnaissance autant que de justice. Il n'a été publié du reste qu'après de longues, profondes et laborieuses études historiques.

Que notre admirable noblesse accepte cet humble hommage, et continuant glorieusement dans nos temps difficiles à être digne en tout de ses illustres ancêtres, qu'elle recouvre sans plus tarder son action puissante et hautement bienfaisante sur tous les champs de bataille de la Civilisation, de la Guerre et de l'Eglise.

C'est un des vœux les plus ardents que forment aujourd'hui tous les Français vraiment patriotes qui, connaissant à fond l'histoire, déplorent hautement notre désorganisation sociale, hélas! plus profonde et plus avancée qu'on ne le croit dans beaucoup de milieux intelligents et renseignés.

Il est temps encore cependant de réagir, mais le temps presse. Les funestes institutions qui mènent présentement en France le char de l'Etat le conduisent de plus en plus rapidement aux abîmes, à ces abîmes où s'engouffrent à la fois la fortune de chacun, la santé publique, la valeur intellectuelle et surtout la valeur morale qui fait partout la base et la force principale des nations.

C'est en France l'émiettement voulu, la pulvérisation organisée, l'anéantissement poursuivi de tout ce qui a quelque valeur. Ne nous laissons pas tromper par les apparences, la multitude des autos par exemple;

rendons-nous compte. On est arrivé sur bien des points au niveau de la médiocrité ; nos ennemis voudraient nous jeter dans l'égalité de la misère. Qui ne voit où l'on nous mène ? Seuls la noblesse et le clergé qui ont arrêté toujours la France sur les pentes fatales pourront y parvenir cette fois. Notre peuple possède encore l'honnêteté et l'énergie ; tous les autres moyens naturels lui manquent de plus en plus.

Glorieux officiers, préparez-vous ; et après avoir instruit notre peuple, commandez la manœuvre !

Il y va du salut de tous.

Imitez votre modèle, votre glorieuse patronne, sainte Jeanne d'Arc ; appelée de Dieu elle n'a pas hésité à se sacrifier, et même tout entière, pour le salut de notre Patrie. Connaissant la haine que lui portait l'Anglais vaincu et le sort cruel que cette haine lui préparait, elle n'a pas abandonné la partie pour se retirer dans le tranquille village qui gardait ses plus chères affections. Toujours fidèle aux desseins de Dieu, elle s'est exposée pour redonner aux Français le courage et la ferme espérance qui sont les gages de la victoire. Son héroïsme a sauvé la France, il l'a préservée du malheur de devenir anglaise. La France y aurait perdu la foi, les joies exubérantes des grandes vertus, son honneur et toutes ses gloires.

Quel bonheur de mourir pour lui conserver encore tous ces biens !

# PREMIÈRE PARTIE

## L'Histoire glorieuse de la Noblesse française

---

### CHAPITRE I

#### Ses illustres Origines

L'Empire romain vieilli s'écroulait sous les coups des Barbares. Pour en finir cependant avec la vie nomade, ces quatorze peuples, pour la plupart, demandèrent des terres à cultiver dans le midi de l'Europe.

Le roi des Goths, Ataulphe, avait épousé la propre fille du grand Théodose, la princesse Gala Placidia, sœur de l'empereur Honorius; il reçut en apanage l'Espagne tout entière et le sud de la Gaule.

Pendant ce temps, un autre peuple, moins considérable que les Goths mais tout aussi vaillant, prenait à son tour possession de la Gaule Belgique. Une de ses tribus, les Francs-Saliens, avait poussé jusqu'à Tournai; l'autre, les Francs-Ripuaires, s'étendirent en Alsace. Ils vivaient en paix avec les Romains encore maîtres du bassin de la Seine; on les considérait à cette époque comme leurs auxiliaires.

Une dernière invasion formidable, mais alors du peuple le plus féroce qui eût paru, faillit en 451 anéantir pour jamais la Civilisation. Commandés par le terrible Attila qui se nommait le *Fléau de Dieu* et détruisait tout sur son passage, les Huns parurent hideux aux Barbares eux-mêmes. Vêtus de sordides haillons formés de peaux de rats, se nourrissant de viande crue à peine rendue moins dure entre la selle et le poil de leurs chevaux, ils se tailladaient les bras et la figure afin de paraître plus redoutables en devenant ainsi tout à fait horribles.

Tout aussi menacés que les Francs et les Romains, les Visigoths du sud de la Gaule firent cause commune avec eux. Ces alliés vinrent arrêter une première fois l'invasion sur la Marne aux Champs catalauniques. Les Huns, complètement défaits, s'enfuirent après une nuit de lamentations de l'autre côté du Rhin, sur les chars informes qui traînaient leurs hideuses familles.

L'entente des coalisés ne dura pas un demi-siècle. A peine trente ans s'étaient-ils écoulés que le jeune Clovis élevé sur le pavois se proposa d'en finir tout à fait avec les Romains. Il triompha de Syagrius, leur général, à Soissons, et sans plus de résistance étendit sa domination jusqu'à la Loire.

Qui ne connaît l'histoire du vase sacré de Soissons réclamé par saint Remi? Au partage du butin, le roi le demanda à ses compagnons en sus de sa part. « Tu l'auras si le sort te le donne! » répondit l'un d'eux, et déchargeant aussitôt sa francisque sur le vase, il le brisa brutalement. Ce soldat mal appris qui traitait d'égal à égal avec le roi Clovis, — c'était son droit alors, — ne tarda pas à expérimenter qu'il n'est pas très habile de vouloir user de ses droits à tout propos. Naturellement son chef farouche rencontra, la cherchait-il? l'occasion de le prendre en défaut. La correction, elle aussi, fut tout à fait brutale : barbare et païen qu'il était, il fendit la tête à ce guerrier dont il avait trouvé les armes en désordre. Clovis se proposait de faire dans les Gaules, à ses sujets, un établissement paisible et durable. Dans ce but il voulait ménager le clergé très puissant à cette époque afin de se le rendre favorable, et par l'influence des Évêques, amener la soumission complète et rapide de toutes les populations de la Gaule. Le soldat bourru n'était pas dans tous ces plans; les Francs comprirent par ce simple fait qu'il n'y avait plus à butiner dans les églises.

Clovis prétendait en effet leur donner autre chose et mieux que des lingots d'or et d'argent; c'étaient des terres fertiles dont il se proposait de nantir et d'apanager ses compagnons d'armes. Par sa modération et son habileté, surtout par son éclatante conversion au catholicisme, il acheva de se gagner les peuples gallo-romains. Ils étaient du reste assez bien disposés en faveur de cette nation vaillante qui promettait de les défendre contre de nouveaux envahisseurs du style des Huns féroces, et aussi des Vandales ardemment démolisseurs.

Ce fut ainsi que le droit de la conquête se fortifia et se légitima pour les Francs par cet autre droit plus solide et moins contestable qu'ils acquirent bientôt : d'éminents et nombreux services qu'ils rendirent aux populations gallo-romaines. Ce furent en réalité deux peuples généreux et braves qui surent s'apprécier et s'estimer, ensuite s'entr'aider et s'unir au point de former sans trop tarder la grande nation, notre nation française.

Le bassin de la Seine déjà conquis sur les Romains était un territoire relativement petit, et d'autre part les vastes contrées du Midi offraient de plus grandes richesses. Vers l'an 507, Clovis dit à ses compagnons d'armes en leur parlant des Visigoths : « Je ne puis voir sans douleur ces hérétiques posséder la plus belle partie des Gaules. Allons, et avec l'aide de Dieu, chassons-les. »

Dans la bataille de Vouillé, près de Poitiers, les deux rois ennemis se rencontrent. Clovis s'élance sur Alaric la francisque à la main ; il le terrasse et l'étend à ses pieds ; les Visigoths prennent la fuite. De ce jour, le royaume des Francs alla de la mer du Nord aux Pyrénées. Les vaincus, pour la plupart, coururent chercher un refuge en Espagne ; les familles qui restèrent dans le pays portent, paraît-il, à l'oreille la marque de leur origine ; elle n'est pas fendue dans sa partie inférieure. Longtemps dans les Pyrénées on les a appelés les cagots, corruption, semble-t-il, de Caps-Goths, têtes de Goths.

*****

Ce fut alors non pas le grand soir des communistes où, tout étant sottement détruit, il faudra s'entre-dévorer, mais le grand matin, le matin radieux de la France, c'est-à-dire le partage, en vue du travail, de ses fertiles territoires entre des vainqueurs actifs, intelligents et laborieux. Ils allaient peu à peu en effet tout organiser, formant bientôt une nation merveilleuse, la nation élue, ce semble, de Dieu pour remplacer aux jours bénis du Nouveau Testament la race déicide rejetée jusqu'à la fin des siècles. Ne peut-on pas le croire en voyant le rôle magnifique qu'elle a rempli depuis des siècles et qu'elle exerce encore dans le monde? Notre nation est le sergent de Dieu, de Jésus-Christ, Ami des Francs ainsi que le nomme la Loi salique.

Au moment du partage de la Gaule par les Francs fit-on des portions à peu près égales pour les simples guerriers et les a-t-on tirées au sort pour les attribuer suivant les vieilles coutumes germaniques? On a tout lieu de le croire. Les généraux ou les chefs eurent-ils deux, trois, quatre portions au lieu d'une comme les simples soldats ou bien les meilleurs domaines leur furent-ils réservés comme aux plus vaillants? La liquidation de ces guerres s'accomplit sans doute d'une façon plus juste et moins compliquée que celle de 1914. On ne découvre pas dans l'histoire que les Francs se soient déchirés entre eux au partage de la Gaule.

Le possesseur d'un village devint ce qu'on appela plus tard un baron. Les officiers qui reçurent une partie assez notable d'un de nos départements furent des comtes, ce titre existait déjà chez les Romains. Ceux qui gouvernèrent les provinces frontières appelées alors les *marches*, beaucoup plus exposées aux invasions, officiers d'une plus grande bravoure, reçurent le nom de marquis ; leur dignité était plus élevée que celle des comtes. Quant aux officiers supérieurs, aux généraux de l'armée, possesseurs de grandes régions ils devinrent des ducs, d'un mot latin qui veut dire *conducteur ;* ils conduisaient en effet ou menaient à la guerre les troupes de leurs provinces.

Chacun des conquérants fut à l'origine absolument indépendant et en quelque sorte roi et maître dans son domaine appelé *franc-alleu ;* tel le roi d'Yvetot peu connu dans l'histoire. Toute la France du reste n'avait pas été morcelée ; il y eut des Gaulois intelligents et braves qui rendirent aux ducs et aux rois des services signalés. On leur concéda bientôt des domaines plus ou moins étendus, mais dans des conditions tout à fait différentes. Ces concessions appelées du nom de *bénéfices* restèrent longtemps révocables au gré du donateur ou suzerain. Ceux qui en jouirent contractèrent une triple obligation : d'abord celle de défendre ces terres contre les injustes empiètements des voisins ; ensuite, celle de les mettre en valeur et d'en payer au suzerain une redevance annuelle sous forme de présent en blé, en vin, en volailles ou en chevaux. Cependant la promesse principale, faite avec serment entre les mains de leur seigneur, fut de s'armer à leurs frais et de suivre à la guerre celui qui les avait ainsi favorisés.

Or, assez fréquemment il arriva que des Francs, possesseurs absolus de petits alleux tout à fait indépendants, mais roitelets isolés, se trouvèrent trop faibles pour se maintenir dans leurs domaines contre les ligues de leurs voisins. Plutôt que de perdre dans ce cas toutes leurs possessions, ils s'adressèrent aux comtes ou aux ducs de leur province, se mirent sous leur puissante protection et consentirent même à voir leurs domaines perdre complètement leur caractère d'alleux pour se changer en simples bénéfices à redevances ; ce n'était pas malhabile.

Le peuple trop longtemps impitoyablement et durement rançonné par les invasions et, dans certaines régions très exposées, même tout à fait ruiné, s'empressa de se grouper autour de ces grands tenanciers armés ; il trouva auprès d'eux asile et protection ; alors il put jouir du fruit de son travail. Pendant de longs siècles, le peuple manifesta sa vive affection, son inébranlable attachement, sa reconnaissance à ces grandes familles qui toujours le défendirent et le sauvèrent tant de fois de la ruine et de la mort.

Ces grands tenanciers francs et gaulois qui durant des siècles ont alternativement manié l'épée et la charrue, aussi vaillants chefs d'armée que puissants chefs de culture, sont les ancêtres glorieux de notre noblesse française. Ce sont eux qui ont fait notre pays, *ense et aratro*, qui l'ont matériellement et moralement maintenu. Étonnons-nous du culte affectueux et même véritablement enthousiaste dont nos aïeux les honoraient. Dans bien des lieux se sont conservées les traces et même les traditions de cette haute estime et de cette grande affection. Dans l'Amérique du Sud où encore de nos jours fonc-

tionne plus ou moins avec ses bienfaits le système féodal, on constate tout à fait les mêmes
sentiments à l'égard des grandes familles, de la
part du peuple des villes et surtout des campagnes. C'est vraiment intéressant et passionnant à
étudier sur place ; dans ces pays catholiques on
se fait une idée assez exacte de ce que fut nôtre
vieille France féodale si sottement et méchamm-
ment calomniée par des plumitifs à gages.

C'étaient aussi les nobles qui prenaient les
armes pour chasser dans les immenses forêts
voisines non pas seulement le daim inoffensif et
le cerf agile, mais d'abord et surtout les san-
gliers aux crocs puissants et redoutables, les
ours féroces qu'ils forçaient dans leurs tanières
et les bandes de loups affamés qui, comme en
Russie, étaient la terreur de nos campagnes.

Mais ils prenaient surtout les armes pour attaquer avec leurs gens les pillards et les brigands
qui rôdent autour des centres de population pros-
pères et pour aller, valeureux soldats, combattre
corps à corps en batailles rangées, c'était la
coutume, les cruels envahisseurs du Nord et du
Midi.

Ainsi qu'il a été dit, les Francs n'eurent
aucune difficulté à s'établir dans les Gaules et
à y prendre racine ; ce fut grâce au clergé gallo-
romain, juge excellent des hommes et des choses,
qui leur soumit tout le pays, avec qui ils ont
vécu en parfaite harmonie dans le courant des
siècles. Pour la plus grande gloire et le plus
grand bien de la France, qu'ils ont conduite à
la plus haute civilisation, l'alliance a toujours
existé très étroite entre le château et le presby-

tère, entre le palais du Comte et celui de l'Evêque.

Du reste de tous les Barbares, il est hors de doute que les Francs étaient les meilleurs, non seulement par leur insigne bravoure, mais par les hautes qualités personnelles de l'esprit et du cœur qui les caractérisaient. Elles n'empêchèrent pas néanmoins, comme dans les riches natures, les rares et violents accès de la passion suivis de réparations éclatantes.

Les Francs se distinguèrent par l'intelligence, le grand attachement au travail, l'économie qui les rendirent bientôt riches, mais particulièrement par la loyauté et la franchise, vertus distinctives des natures fortes, et enfin par leur adhésion sincère et profonde à l'Evangile. On sait la belle parole toute spontanée de Clovis à la lecture de la Passion du Fils de Dieu : « Ah! que n'étais-je là avec mes Francs! »

Nous en avons déjà fait la remarque : la grande qualité commune aux races franque et gauloise, ce fut la générosité; c'était même, on peut le dire, leur vertu essentielle, comment donc n'aurait-elles pas sympathisé? L'harmonie qui jusqu'au premier empire a régné toujours entre elles n'a pas peu contribué à former notre nation si homogène, la plus accommodante dans la paix et dans la guerre, et, par la générosité, la meilleure des nations, la nation très chrétienne dans le fond de l'âme, notre incomparable nation française.

Sortons de chez nous, parcourons le monde, visitons les hémisphères; nous constaterons des qualités sérieuses chez presque tous les peuples, même de grandes vertus chez ceux qui ont conservé la sève de l'Evangile, mais l'ensemble magnifique de tous les dons du Seigneur couronné par un sens éminemment droit, la vaillance invincible et cette charité surabondante qui dépasse tout, nulle part nous ne les trouverons comme chez la *Nobilissima Gallorum gens !*

***

'Hélas ! pourquoi depuis le premier empire cette funeste division, que notre plus grande ennemie a perfidement semée, qu'avec soin elle entretient à prix d'argent, que jalousement elle ravive quand l'union, même l'union sacrée, tente de s'établir, pourquoi cette funeste division subsiste-t-elle parmi nous ? Vraiment que gagnons-nous à nous maltraiter indignement, à nous faire constamment une guerre sourde ou déclarée ? Ne savons-nous pas que partout, que toujours l'union fait la force, l'isolement la faiblesse, et la désunion finalement la ruine ? Que sont devenus pendant un siècle et demi nos meilleurs amis, les Polonais ? Voulons-nous avoir à notre tour leur triste sort ? Cherchons-nous la servitude ?

C'est un vieux péché des Gaulois que la division. César, qui a vaincu la Gaule, n'a pas hésité à écrire dans ses *Commentaires* que Rome avec toute sa puissance n'y serait jamais parvenue si elle n'avait eu le talent d'exciter d'abord, d'entretenir ensuite et d'envenimer à l'extrême les divisions qui naissaient à tout instant et à propos de rien entre les tribus gauloises. Elles cherchaient alors l'appui de César pour vaincre leurs rivales ; elles arrivèrent ainsi à s'affaiblir et à tomber sous le joug ; voulons-nous y retomber ?

Depuis des siècles l'Angleterre se passionne pour ses combats de coqs, de même les Espagnols pour ceux de taureaux ; mais quelles délices pour nos flegmatiques voisins de voir les vrais coqs gaulois *(Gallus)* se regarder avec colère, puis s'attaquer du bec et des ergots, s'arracher la crête, symbole de la gloire, s'entre-déchirer et se tuer pour les beaux yeux du magnifique parterre de milords et de miladies ! L'Anglais naturellement, en homme pratique, recueille les dépouilles... très friandes, oh ! yes ; elles se nomment : Canada, Hindoustan, Egypte et Soudan cotonnier !... Mais vraiment nous, Français, sommes-nous de la misérable volaille de basse-cour, ou des lions terribles sur les champs de bataille, comme disent les Allemands, et menés en 1918 par des aigles ? Finissons-en une bonne fois avec nos stupides pugilats. Travaillons énergiquement à exclure de chez nous toute division. Libérons-nous de cette crédulité naïve qui nous a porté un si grand tort, un excès d'honnêteté qui nous empêche de croire au mal ; n'en soyons plus les victimes. Etudions loyalement notre situation présente ; on nous en avertit et ce sont les plus clairvoyants, elle nous mène à des abîmes. Voyons nos malheurs immenses et leur cause. Entendons-nous ; entre personnes généreuses ce n'est pas impossible. Qui ne fera tous les sacrifices d'amour-propre indispensables aujourd'hui, en vue du bien véritable, du salut de notre pays ?

***

Un autre défaut que vraisemblablement encore nous avons hérité des vieux Gaulois et qui ne nous honore pas, croyons-le, autant qu'on l'imagine : c'est la curieuse manie française de discuter, dans certaines régions, des heures entières et à perte de vue ! Elle a du bon sans doute, elle aiguise l'esprit, même le jugement ; ne la supprimons pas cette escrime intellectuelle qui anime la conversation, jeu de prédilection de notre vieille France. Mais dans combien de discussions termine-t-on par cette flèche du Parthe, qui n'accuse pas précisément un excès d'humilité : « Oh ! si j'avais étudié autant que vous, je vous en tiendrais encore. » On pourrait nous répondre : « Et pourquoi ne l'avez-vous pas fait ? Paresse ?... bêtise ?... pas le sou ?... » Dans les autres pays, cette formule peu spirituelle d'amour-propre n'a pas cours ; on se rend simplement aux raisons de l'adversaire. On se déclare sans confusion, non pas vaincu, il n'y a pas eu de bataille, mais éclairé, convaincu, en disant tranquillement aussitôt qu'on le constate : « J'ignorais telle chose, je n'avais pas réfléchi à tel point. »

D'une manière générale, il n'est pas prudent de discuter avec des inconnus, encore moins avec des gens opiniâtres ; on s'expose quelquefois à des injures même grossières, dernier argument de ceux qui n'en ont plus ; on n'a rien avancé ; même on y a gagné de l'inimitié. Avec nos bouillants compatriotes si nous avons à les convaincre ayons soin, le plus grand soin, d'exposer tranquillement, modestement même, nos opinions sans avoir jamais l'air d'en savoir plus qu'eux : première précaution oratoire. Alors ils nous écouteront avec une bienveillante attention ; leur bon sens naturel nullement troublé et offusqué par l'amour-propre se rendra facilement à de judicieuses raisons. Etant donnée la volonté ardente chez tous les Français de procurer, d'amener le meilleur gouvernement, les questions politiques sont certainement les plus irritantes. En ce point délicat du reste, comme en tous les autres, les demi-savants sont les plus opiniâtres ; on peut même en trouver d'irréductibles. Ne désespérons pas néanmoins d'amener le plus grand nombre de nos chers compatriotes à la vérité. D'ordinaire, et ceci est passablement consolant, ceux qui résistent le plus sont souvent les meilleurs tenants de la bonne cause quand, enfin persuadés, ils se sont rendus. On ne s'appuie bien au point de vue matériel que sur ce qui résiste ; nos contradicteurs avaient montré de la force réelle par une résistance, une opposition prolongée. Mais dans tous les cas, la bonté fait autant et plus que la vérité ; l'Ecriture le dit au sens de la Religion : « *In corda inimicorum Regis :* visez au cœur des ennemis du Roi. »

*<br>* *

Etudions tous à fond notre passé si fécond, si glorieux ; c'est la base principale de cette unité d'esprit qui est la condition absolue de l'union durable. Examinons ensuite et de même à fond la situation présente quelque peu affligeante tout de même avec ses dix mille paroisses sans prê-

tres, ses centaines de milliers d'enfants non baptisés, ses campagnes qui se dépeuplent, ses
ouvriers dans les villes assez mécontents et qui
évoluent en trop grand nombre vers le communisme, préambule du bolchevisme, ses milliers
de foyers français déserts ou bouleversés par des
divorces plus ou moins haineux, enfin par cette
illusion trop générale que depuis un siècle les
choses en France ayant à peu près toujours marché, il n'y a pas à craindre qu'elles se dérangent
jamais jusqu'à des catastrophes.

Et s'il y a quelque nation jalouse qui travaille
à nous y amener, le plus tôt possible? si ceux
qui ont déjà torpillé le vaisseau russe et ont
affamé cette riche nation préparent depuis longtemps d'une manière très active cet engin savant
et terrible qui doit couler celui encore plus beau
de la France, où aurons-nous abouti avec notre
aveuglement volontaire ou involontaire? Dieu,
qui nous aime, met sous nos yeux le spectacle
affligeant de cette aristocratie russe à qui on
n'aurait osé prédire il y a moins de quinze ans
un pareil sort. Notre vaisseau est-il miné? est-il
déjà touché?...

Les livres et l'observation personnelle doublés
de la réflexion nous en apprendront bien plus
que les journaux et les revues. Par de fausses
inductions, tirées de quelques faits consolants,
ces derniers tendent et aboutissent déjà trop à
chloroformer l'opinion française; ne nous laissons pas endormir, ouvrons l'œil de plus en
plus; nous nous réveillerions au milieu de
catastrophes. On nous les prépare; nous avons
dans l'univers la réputation d'être riches, notre

encaisse métallique or est la deuxième du monde, le trésor a une avance de six milliards de francs ; d'autres nations, voisines de la misère, ont envie de risquer le tout pour le tout, attirées par ces richesses.

« Mais, dira-t-on, je travaille et je gagne, je ne m'occupe pas des autres nations, pourquoi s'occuperaient-elles de moi ? » Raisonnement du riche sot enfant : « Je ne m'occupe pas des voleurs, pourquoi s'occupent-ils de moi ? je ne vais pas leur chercher querelle !... » Finissons-en une bonne fois avec cette naïveté.

Comptons nos forces, organisons-les sans tarder. Que les machinations de nos pires ennemis retombent sur eux, s'ils ne veulent pas s'amender.

Commençons par éliminer même par la force, — une force légitime, elle peut l'être, — tout ce qui nous divise. Ecartons impitoyablement les personnes ; éloignons-les même celles qui font métier de nous diviser. De la division, il y en a qui en vivent ! C'est notre droit, c'est notre devoir de les exiler à l'intérieur et même à l'extérieur si elles sont vendues aux gens d'outre-Manche, d'outre-Dniéper, d'outre-Rhin. C'est un crime, un vrai crime qui mérite la détention perpétuelle, et encore davantage, que de diviser nos compatriotes pour les affaiblir et les livrer ainsi au fer de l'ennemi, à ses canons, à ses gaz asphyxiants !

Malgré tout faisons l'union ; celle des esprits d'abord et qu'elle aille jusqu'à l'unité. Etudions, discutons, arrivons à nous entendre. Ayons des principes sûrs, indubitables et victorieux en histoire, en philosophie, en religion, de façon à convaincre absolument les autres personnes, à les fixer définitivement dans la bonne cause. Cette vérité, ne la gardons pas uniquement pour nous ; communiquons-la, propageons-la même avec ardeur : quelle gloire !

Il appartient surtout à la noblesse et presque autant qu'au clergé, qui dans le passé ont établi en France la plus étroite union et l'ont si long-temps maintenu, de la rétablir encore aujourd'hui. Malgré ce qu'on a dit, malgré ce qu'on a fait contre ces grandes institutions, elles sont encore, et par leur nature même, les plus hautes autorités sociales, de toutes les plus puissantes. Qu'elles soient unies d'esprit, de cœur et d'action. Cette union amènera bientôt le salut de la France.

# CHAPITRE II

## L'Établissement définitif de la Classe noble
## à la suite des Droits
## qu'elle avait justement acquis

Les Possesseurs de Bénéfices étaient avec les Evêques au VII<sup>me</sup> siècle les grandes autorités sociales de l'époque ; ils se nommaient *leudes* ou *fidèles*. Faisant valoir eux-mêmes les terres plus ou moins fertiles qui leur avaient été concédées pour un temps par les suzerains, ils avaient seuls l'obligation du service militaire. Quand ils étaient convoqués, que le ban et l'arrière-ban qui les appelaient à l'armée avaient été publiés, il fallait abandonner à l'instant leurs possessions et leurs familles pour accourir à cheval sans délai, auprès de leurs chefs respectifs, en vue de défendre vaillamment le pays.

Vraiment ce n'était pas trop mal imaginé d'intéresser ainsi directement et positivement le soldat, possesseur d'un bien très considérable qui faisait vivre largement sa famille et ceux qui l'aidaient, à la défense énergique de ces riches propriétés concédées du reste pour les services déjà rendus au pays. D'ordinaire on défend mieux son bien que celui des autres, les voisins et amis en profitent; on s'ingénie pour se trouver des auxiliaires et des armes dans une lutte qui décidera immédiatement du bonheur des siens.

En travaillant soigneusement son bien dans l'intervalle des guerres, au lieu de fainéantiser et de se corrompre comme beaucoup de soldats modernes, le baron laborieux, directement intéressé à la production, s'efforçait, on le comprend, de l'augmenter le plus qu'il pouvait. Ces productions devenaient de jour en jour plus abondantes, par conséquent moins chères; elles enrichissaient le sol par une culture continuelle. On sait que Charlemagne faisait vendre les œufs de ses volières et les légumes de ses jardins.

Mais voilà, cette concession des bénéfices était toujours révocable au gré du souverain. Pour des raisons plus ou moins sérieuses, d'autres fois sur de fausses accusations, par caprice même ou sans raison quand le suzerain était mécontent de son vassal en temps de paix ou même en temps de guerre, purement et simplement il lui retirait sa terre, son bénéfice, quelquefois aussi le fruit de son labeur.

Chaque année au printemps et à l'automne, les nobles se réunissaient auprès du roi aux Champs-de-Mai et à la Saint-Michel. Ils représentèrent à leur souverain que les terres seraient bien mieux cultivées, que dès lors elles rapporteraient davantage, qu'enfin elles enrichiraient considérablement le pays au grand profit de tous si elles étaient concédées à vie; le tenancier naturellement s'y intéresserait bien plus qu'auparavant, assuré d'en recueillir tout le fruit.

En 587, au traité d'Andelot, le roi Gontran, son neveu Childebert et la reine Brunehaut accordèrent aux nobles pour se les attacher ce qu'ils avaient instamment demandé : la possession viagère des bénéfices. Dès lors leurs laborieuses familles franques ou gauloises donnèrent une plus vigoureuse impulsion aux diverses cultures du blé, de la vigne, des arbres fruitiers ; ce fut à l'exemple des moines bénédictins dont les abbayes étaient dans toutes les régions des fermes modèles et des sources de grandes richesses. Des terres beaucoup plus étendues furent défrichées de toutes parts, la population augmenta sensiblement et la France devint prospère. Elle était déjà puissante au temps de Charles-Martel qui écrasa assez facilement les Arabes à Poitiers. Elle l'était bien plus encore sous Charlemagne qui, sans épuiser ses sujets, soutint de longues guerres en Saxe, en Espagne, en Italie et jusque dans la Bohême. Alors l'unité monétaire, le franc, ne pesait pas cinq misérables grammes, cuivre compris, comme en 1914, mais une grosse livre d'argent, c'est-à-dire cent fois plus.

Nul n'ignore les efforts admirables de Charlemagne pour initier aux lettres et aux arts ses rudes compagnons d'armes familiarisés seulement au pénible maniement de la charrue et de l'épée.

À l'Ecole Palatine leurs robustes fils eurent à lutter et à rivaliser avec les enfants du peuple. Si au commencement ils perdirent du terrain dans ces champs de bataille scolaires, ils ne tardèrent pas à marcher de pair avec eux.

Les historiens consciencieux et tout à fait sérieux ont reconnu l'influence considérable pendant le Moyen-Age de la noblesse dans le domaine des choses intellectuelles. Ils se sont gardés sottement de généraliser et d'attribuer injustement à tous les membres de cette classe illustre ce qu'un notaire facétieux de l'école de Molière apposa un jour au pied d'un acte passé en son étude, pour quelque ancêtre de M. Jourdain : « Ledit seigneur a déclaré signer ne savoir, attendu sa qualité de gentilhomme. » En tout cas, ce sont des fils de nobles, saint Bernard, le bienheureux Albert le Grand et saint Thomas d'Aquin, son élève, qu'on verra devenir au Moyen-Age les géants fameux et les véritables princes des sciences les plus difficiles : la philosophie scolastique et la théologie.

Cependant il sembla, juste trois cents ans après, que les nobles qui avaient considérablement augmenté la valeur des terres qu'ils tenaient à vie par de nombreuses plantations et une culture intelligente et continuelle, qui d'autre part au prix de leur sang ou de cruelles blessures avaient bravement et puissamment défendu leurs compatriotes sur les champs de bataille, eussent enfin le droit chèrement acheté de transmettre à leurs fils des biens en quelque sorte créés par eux pour l'avantage de tous, ainsi que des titres glorieux surabondamment mérités. Par le Capitulaire de Kiersy-sur-Oise, le roi Charles le Chauve accorda aux nobles, ainsi qu'ils la demandaient, l'hérédité des domaines qui leur avaient été confiés ; ces biens ne devaient revenir à la couronne que s'ils tombaient totalement en déshérence.

En dernier lieu, dérangés jusque-là à tout propos par de stupides guerres civiles qui portaient un préjudice énorme aux travaux de la campagne bien plus intéressants, les nobles obtinrent du même prince à l'assemblée de Mersen de n'être plus obligés de prendre les armes que dans le cas d'une invasion étrangère. Cette sage mesure porta un premier coup sensible aux guerres féodales ; plus tard la paix et la trève de Dieu y apportèrent la sanction toute puissante de l'Eglise avec la peine de l'excommunication. Ce fut alors le cas de dire avec le poète, d'une multitude de ces misères, et dans un bien meilleur sens :

Et le combat cessa faute de combattants !

Vers cette époque, c'est-à-dire au temps calamiteux des successeurs de Charlemagne, la France fut cruellement ravagée par les Normands ; les nobles la mirent en état de défense, autorisés encore par le roi Charles le Chauve, en construisant de nombreux châteaux-forts. Que de services ils ont longtemps rendus aux populations de nos campagnes qu'ils abritèrent, particulièrement dans les jours désastreux de la guerre de Cent Ans. Sans eux en vérité notre patrie serait arrivée à une ruine complète.

Et que de beauté leur pittoresque ajoute à nos paysages avec leurs tours crénelées, puissantes et massives, leurs hauts donjons d'où la sentinelle vigilante faisait retentir le son du cor à l'approche de l'ennemi, leurs gracieuses tourelles et leurs toits ardoisés! Quels souvenirs ils éveillent dans les esprits, quels sentiments ils excitent dans les cœurs! Ces châteaux-forts sont une des parures de la France.

*
**

Une des grandes gloires de la noblesse française au commencement du Moyen-Age, c'est d'avoir aidé en Italie les fils de Charles-Martel dans la lutte qu'ils soutinrent contre les Lombards en faveur du Saint-Siège.

Les Papes Etienne II et saint Léon III avaient à diverses reprises imploré le secours de la France. Nos rois jugèrent que la situation plus ou moins précaire de la Cour romaine n'était point en harmonie avec l'auguste dignité pontificale, la plus grande de toutes. Ils voulurent y ajouter la dignité royale, non pas simplement nominale, mais effective, non point avec des richesses mobilières qui peuvent être ravies, indignement volées comme au siècle dernier par des personnages liés, avec la Cour pontificale, puis définitivement perdues, mais avec des possessions immobilières suffisantes qui ne s'envolent point, qui font toujours respecter efficacement ceux qui les détiennent.

Après avoir défendu le Saint-Siège contre les Lombards, Pépin et Charlemagne lui assurèrent des possessions considérables pour le temps. Il devait y trouver en argent et en hommes des ressources pour subsister honorablement et sauvegarder constamment son indépendance. Il en eut en effet suffisamment jusqu'en 1870, pour maintenir convenablement et dignement la Cour romaine et ses Nonciatures sans avoir à dépendre des aumônes de la chrétienté. Mais vraiment peut-on parler d'aumônes quand il s'agit d'un Père, surtout d'un Père par qui la sainteté, le plus grand des biens, la source de tous les autres, nous vient du Ciel? Et qui nous dira si les malheurs de notre époque ne proviennent pas de ce grave oubli dans lequel nous vivons de ces devoirs très positifs que le quatrième commandement de Dieu impose à tous les catholiques envers le Souverain Pontife? Du reste ces ressources précaires sont sujettes à des fluctuations de diverses sortes, à des caprices, le croirait-on même? à de sottes rancunes, à des vengeances que l'on décore, paraît-il, du nom de représailles. Et lors même que notre Père nous paraîtrait se tromper, lors même qu'il nous semblerait favoriser dans une certaine mesure d'autres catholiques, après tout ses enfants au même titre que nous, est-ce une raison, non pas d'affamer son Père, on ne va certes pas jusque-là! mais de le maintenir en fait de ressources dans une gêne pénible qui peut-être de loin, de très loin, a eu quelque influence sur les graves accords de Latran?

Sauf ces soixante-dix ans où les Souverains Pontifes ont dû se réfugier à Avignon et qui firent comprendre assez pratiquement à l'Italie l'impérieux besoin qu'elle avait alors de leur présence, ils ont vécu relativement tranquilles, même absolument paisibles durant dix siècles, grâce à la généreuse et très sage initiative de la France. Ces domaines formaient un appréciable royaume, à peu près égal en étendue aux autres de la Péninsule. Ils leur ont permis de se garantir efficacement, par ce porte-respect, contre les petits princes italiens qui, on doit le reconnaître à regret, pour la plupart, de la noblesse n'ont eu guère que le nom.

Livrés à une honteuse oisiveté au lieu de cultiver honorablement leurs terres, adonnés à la chasse pour le seul plaisir, allant même, au temps de Clément IV, jusqu'à expulser le pauvre paysan laborieux pour augmenter l'étendue de la forêt giboyeuse, ces faux nobles en trop grand nombre ont vécu sans grandeur d'âme. Longtemps ils ont combattu ou contrarié l'action civilisatrice et bienfaisante du clergé, entretenant à leur solde des brigands déclarés ou des spadassins, attaquant quelquefois le Saint-Siège qui les avait comblés de biens et d'avantages, *condottieri* souvent, plutôt que défenseurs de peuples. Les exceptions que l'on compte parmi eux, et qui révèlent que cette aristocratie n'était pas moins bien douée que les autres, ont donné à l'Eglise quelques illustres Saints et de grands ministres aux Empires. Comme il a été dit, et l'histoire doit le déclarer, la plus grande partie de cette aristocratie, de la noblesse ne mérite guère que le nom.

En revanche, le peuple italien a fait éclater aux yeux de l'univers, à ces magnifiques points de vue de l'art sous toutes ses formes, de la fécondité si méritoire de la race, de la foi enthousiaste et de la religion, des qualités éminentes et de tout premier ordre. Que serait-il devenu sur quelques autres points de grande importance, si l'exemple lui fût venu d'en haut?

Ce que les rois de France avaient établi en faveur du Saint-Siège au cœur de l'Italie leur a été, sans le chercher, extrêmement ou au moins grandement utile à eux-mêmes, puisqu'il a garanti tant de siècles de l'invasion cette partie de la frontière de l'Est. Détruit assez lamentablement, cet édifice, nous avons maintenant à nos côtés une nation inquiète et jalouse qui ne néglige absolument aucun moyen de se rendre puissante et redoutable. Si elle s'alliait, ce qui n'est nullement chimérique ou improbable, à nos ennemis de Berlin, de Vienne et de Moscou, elle pourrait nous amener au repentir d'avoir fait, sous Napoléon III, l'unité italienne. La prudence ne nous obligerait-elle pas, pour le bien des Italiens autant que pour le nôtre et afin de leur ôter ces chimères de grandeur antique qui les entraîneraient à la ruine, de rétablir purement et simplement la sage organisation qu'avaient établie nos pères? Elle avait donné des siècles d'un réel bonheur à l'Italie au lieu des horribles hécatombes et des fumées de gloire, assez contestable, de ces cent dernières années. Cette époque fortunée s'étendit du règne de Charlemagne, au génie puissant et bienfaisant, jusqu'au duo maçonnique Palmerston-Cavour, impie et malfaisant et qui ravit son trône au Souverain Pontife en 1870.

Après l'heureux succès des accords du Latran, cette ardente fièvre de grandeur qui agite et tourmentera bientôt l'Italie actuelle lui sera-t-elle salutaire ou funeste? Son auto ultra-moderne au tapage retentissant que semble mener triomphalement au Capitole antique le raide Mussolini, ne versera-t-il pas du haut de la Roche Tarpéienne? Le fameux Duce et son fascisme font un peu trop abstraction de Jésus-Christ, sans qui depuis vingt siècles rien de solide, rien de durable ne se bâtit. Pour Mussolini le Christianisme est une secte vulgaire égale en tout à celle des esséniens, qui n'aurait point franchi les limites étroites de la Judée, a-t-il dit, sans le puissant secours de la Rome des Césars!

Vraiment il y a beaucoup d'orgueilleuse présomption dans les façons de parler et d'agir du fascisme pour qu'on n'ait pas lieu de craindre, de redouter à son égard l'accomplissement de la parole évangélique : « Quiconque s'élève sera abaissé. » La France le désire-t-elle? D'aucune façon; elle préférerait le rétablissement plus puissant encore que jadis de cette splendide chrétienté qui a fait si longtemps le bonheur des peuples.

# CHAPITRE III

## La Noblesse au Moyen-Age

Le droit d'aînesse, c'est remarquable, existait de toute antiquité et dans presque toutes les nations ; il y a, sans qu'on s'en doute, quelque chose qui est fondé sur la nature dans ce droit, et que les lois positives n'avaient pas besoin de donner. La sagesse l'avait établi, la sagesse l'avait maintenu. L'héritage revenait sans contestation au fils aîné, mais à la charge pour lui d'établir ses cadets. En cas d'insuccès dans leurs diverses entreprises, ceux-ci avaient toujours leur place au foyer domestique où subsistait la fortune paternelle ; ils pouvaient finir tranquillement leur vie dans ce logis au lieu de retomber, par centaines de mille, à la charge de la société tout entière qui ne possède guère que des miettes pour les hôpitaux. Dans certaines grandes villes, ils grèvent lourdement les budgets municipaux pour des millions ; dans quelques autres mêmes, pas de jus de viande à donner aux malades quand le médecin l'a ordonné.

Le partage forcé suggéré par la maçonnerie aux idéologues de la Constituante n'avait point pour but, on le conçoit, d'enrichir les gens dans la plupart des cas de quelques centaines de francs; ce n'était pas la peine ainsi de créer trop souvent entre frères et sœurs des inimitiés lamentables et durables. Le but immédiat de cette loi de partages, croyons-en les gens des tribunaux versés dans ces questions, c'était tout d'abord de procurer des procès aux nombreux avocats sans causes dont regorgeait cette extravagante Assemblée; ainsi la jugera-t-on après avoir constaté le mal immense que ses membres, en majeure partie francs-maçons, ont causé à la France. Mais le but principal de cette loi néfaste était d'appauvrir la noblesse, en divisant de plus en plus la fortune, jusqu'à la ruiner au bout de quelques générations; par là de lui enlever toute son influence et dans l'Eglise et dans l'Etat. La maçonnerie, agent des étrangers, n'y est-elle pas parvenue dès aujourd'hui ou à peu près? La Fontaine a dit dans une de ses *Fables*, presque pas lue, trop peu connue, que ceux qui avaient imaginé ce plan pour la ruine de la France *pensent profondément*; mais n'anticipons pas. Nous en reparlerons plus loin. Revenons à notre sujet.

*<br>* *

Que faisaient les cadets de la noblesse?

Les cadets étaient nombreux dans les familles nobles, aussi fécondes que vaillantes sur tous les champs d'action. La plupart de ces cadets vigoureux, remplis d'initiatives et de ressources naturelles, cherchèrent avec raison à se créer des situations indépendantes; ce sont les premiers qui ont volé à la conquête de nos colonies et travaillé à leur établissement.

D'autres, qui manifestaient plus de piété, entrèrent dans l'Eglise et la servirent avec un grand zèle, autant dans le clergé régulier que dans le clergé séculier.

Jusqu'à la fin de la royauté, la noblesse a toujours aidé l'Eglise de la manière la plus généreuse et la plus puissante. Elle le fit d'abord dans le solide établissement, puis la multiplication merveilleuse des évêchés et des abbayes; c'étaient autant de centres vigoureux et d'intenses foyers de civilisation et d'esprit chrétien, avec leurs collèges et leurs écoles d'agriculture, d'arts et métiers. Elle les fonda en leur donnant des rentes, non seulement de façon à pouvoir tout juste subsister comme aujourd'hui, vivotant et végétant, ennuyant à la fin les fidèles pauvres par des kermesses et des quêtes continuelles dans les églises et à domicile; — mais pourquoi vraiment a-t-on laissé démolir les fortunes, et au profit des étrangers? les braves gens en sont bien ennuyés.

La noblesse, par ses relations sociales et le crédit des grandes familles, procura à l'un et à l'autre clergé des ressources immenses pour faire le bien. Revenons sans tarder au droit d'aînesse; de toute façon la France, le clergé autant que le peuple et la noblesse y ont le plus grand intérêt. Les montagnes dans un pays font plus que l'orner, elles l'enrichissent; des pays trop plainiers deviennent des marécages ou des Saharas.

Que l'on s'étonne de voir ensuite au Moyen-Age des ecclésiastiques nobles occuper des siè-

ges épiscopaux, des canonicats créés où enrichis
par eux ou leur parenté, bienfaiteurs insignes
des hôpitaux, des écoles et des Universités. A
mérite égal, un prélat fortuné pourra aider et
protéger l'Eglise, les pauvres, les enfants, les
malades, les œuvres de toutes sortes, bien plus
que celui qui est sans ressources et se rend
ainsi importun à tous. Ainsi en jugeaient nos
pères exempts de la stérile envie du plébéien
contre le patricien, contents de recevoir le bien
d'où qu'il vînt, pourvu que ce fût d'une main
honnête et vertueuse.

Dans leurs entreprises criminelles contre
l'Eglise, les tyrans de cette époque trouvaient
dans ces Prélats nobles à qui parler. Aussi,
durant ces quinze siècles, il n'a jamais été question de ces vingt grosses chaînes de fer, — et
les avons-nous comptées toutes? — dont notre
troisième république a ligoté d'une façon de plus
en plus étroite la sainte Eglise dans son ministère d'éducation et de sanctification en France
depuis cinquante ans, c'est-à-dire depuis 1880.

Ces savants et puissants Evêques du Moyen-
Age auraient-ils souffert que l'on empoisonnât
dans les écoles athées les tendres agneaux de
leurs troupeaux? Auraient-ils permis qu'on leur
ravît cette foi qui est la base de tout, ou seulement que des impies la rendissent vacillante en
classe par des doutes perfides? Auraient-ils
toléré une seule fois qu'on enlevât de leurs écoles sacrées les pieux lévites qui s'y formaient au
saint ministère, pour en démoraliser une partie
trop considérable dans les casernes et leur arracher du cœur la flamme si précieuse de la voca-

tion? Les Ordres religieux protégés par eux auraient-ils subi les dures lois de l'ostracisme? Les pauvres malades des hôpitaux auraient-ils été privés à leur dernière heure des soins et des consolations des religieuses pour adoucir leurs peines? Enfin auraient-ils admis qu'on arrachât à l'Eglise son bien pour jeter tous ses ministres des régions indifférentes dans cette pauvreté, cette gêne voisine de la misère qui nuit pour une part assez appréciable à leur recrutement?

Ces Evêques n'avaient nulle honte d'employer, quand il le fallait, l'arme efficace de l'excommunication solennelle. Après les fortes études qu'ils avaient terminées en Sorbonne, faculté illustre de théologie regardée longtemps comme le concile permanent, les Evêques nobles ou non nobles de ces siècles de science et de foi n'hésitaient pas à fulminer les dures sentences d'excommunication, et tout d'abord, pour effrayer les loups dévorants qui ravageaient leurs troupeaux. Alors les bonnes gens se signaient; les esprits forts de l'époque, comme feraient ceux d'aujourd'hui, essayaient d'en rire. Cependant il est reconnu que l'excommunication a bien ses effets, surtout quand on s'en moque, et lorsque au bout de quelque temps ils voyaient le malheur s'abattre sur leurs biens, leurs personnes ou leur famille, plus d'un tyran ou tyranneau pâlissait et abandonnait sa criminelle entreprise. L'histoire est longue des pécheurs endurcis auxquels les excommunications majeures ou mineures ont porté malheur.

*<br>* *

Du reste en dehors de cette arme spirituelle si puissante, il y avait l'arme chère au vaillant O'Connell : l'*agitation*. Celle-là gêna d'abord les landlords qui, comme des loups voraces, étreignaient la malheureuse brebis irlandaise. A ce moment, ils la serraient étroitement à la gorge, elle allait rendre le dernier soupir. O'Connell fit lâcher prise à cette Chambre des lords qui s'acharne aujourd'hui contre nous ; il a sauvé son pays.

L'arme puissante de l'agitation maniée ces derniers temps par un des grands héros de la guerre produit-elle déjà son effet? La manœuvre du général de Castelnau est-elle étrangère à la formation, au renforcement du groupe Marin? Depuis deux ans, il a décidé de presque toutes les questions à la Chambre. Cette manœuvre a impressionné, mais pas excessivement, la maçonnerie qui nous gouverne déjà depuis longtemps pour nous mener lentement et sûrement aux abîmes. Elle n'est nullement troublée parce qu'elle a une vieille tactique, toujours la même, et qui lui réussit toujours immanquablement avec les catholiques de France. La maçonnerie fait semblant de se relâcher dans cette antique persécution contre nous ; elle parle de délivrer cette douce brebis qu'est la France catholique si dure à étrangler et si lente à mourir. Cesse l'agitation sur la demande de ce gouvernement toujours fourbe et perfide, la maçonnerie n'a rien cédé en vérité que des choses insignifiantes ; le tour est joué, elle recommence et va plus loin dans la voie de la persécution et de la corruption. Ne nous abusons plus ; on rit de notre naïveté dans les loges.

Que prétendent en effet par cette nouvelle apparence d'accalmie et par la copieuse distribution actuelle de croix de la Légion d'honneur, de rubans, de médailles et de palmettes, religieusement signalée chaque fois par une partie un peu simple de notre presse catholique, que veulent les fourbes qui nous gouvernent par cette dixième édition de l'esprit nouveau de Spuller, toujours la même? Ils tentent périodiquement le même coup de Jarnac à nos vénérables Prélats, au moment où ayant réveillé l'opinion ils vont la soulever en faveur de l'Eglise, afin de tout changer une bonne fois. Ce serait possible, même facile, si l'agitation bien organisée se continuait malgré tout jusqu'à aboutir, méprisant encore plus les promesses que les menaces.

En effet que prétendent les maçons fourbes qui nous gouvernent? ce n'est point une réconciliation, encore moins la juste réparation des torts qu'ils nous ont causés autrefois et dans ces dernières années ; c'est seulement la cessation de cette campagne d'agitation catholique, fort bien commencée, qui émeut les masses, les mobilise pour les urnes après les avoir secouées et qui amènerait sûrement, d'une manière légale, la royauté chrétienne après avoir désabusé les catholiques trompés tant de fois. Cette royauté chrétienne enverrait sans retard à Nouméa ou à Cayenne les gens qui exploitent cyniquement la France et nous ont trahis avant ou après 1918. Pour conjurer ce péril que courraient les faux républicains, pour empêcher le changement de l'absurde constitution de 1875 votée par beaucoup de francs-maçons, il faut maintenant que l'agitation catholique cesse, que le général de Castelnau soit écarté, remercié ou dirigé sur un autre point, afin que sa campagne de la Fédération nationale catholique, autrement glorieuse, féconde et salutaire que celle de 1914, n'aboutisse à rien, comme celles des cinquante dernières années ; il faut qu'elle finisse piteusement sans rien changer au personnel qui nous gruge et nous trahit, ni à la législation qui avait été visée et qui est la ruine de la France.

Pour obtenir ce désarmement qui ne ferait guère plus d'honneur à l'Eglise que les précédents, on rendra les temples sacrés qu'on n'a pas pu vendre pour des garages ou des salles de bal, qui d'ailleurs chargent les communes de leur entretien plus ou moins coûteux ; on parlera de donner aux ecclésiastiques l'argent, assez réduit aujourd'hui, du budget des cultes touché par les maires de chaque commune pendant ces vingt-cinq dernières années ; et, moyennant ces générosités formidables qui ne coûtent rien à ceux qui nous gouvernent, il ne sera plus question de restituer les palais des Evêques, les locaux solidement bâtis des Séminaires et des Collèges catholiques volés à l'Eglise. De plus on sollicitera l'ancien privilège, vivement regretté au Grand-Orient, de la présentation aux évêchés, afin d'y désigner des personnalités peu combattives, désireuses « du repos dans les honneurs », au lieu des Prélats actuels saints, savants et sages, si ardents pour la cause de l'Eglise et des âmes.

Heureusement Rome n'oublie pas. Elle y regardera à dix mille fois avant de s'engager avec les fourbes qui ont toujours cherché à la tromper et qui sont encore au pouvoir.

Détournons les yeux de ces spectacles qui ne doivent pas seulement nous affliger, mais nous indigner profondément; d'autres, plus révoltants, doivent nous faire agir fortement et avec persévérance, à l'exemple de nos ancêtres, jusqu'à ce que tout soit complètement changé dans notre patrie. Pour nous y décider, reprenons la glorieuse histoire d'autrefois.

*
**

Après avoir dignement servi notre sainte religion, les cadets de la noblesse comme leurs aînés se sont courageusement employés à la défense de leurs compatriotes sur tous les champs de bataille. Ils ont constitué, dix siècles durant, la principale force des armées de terre et de mer au service du roi, et ensuite, jusqu'à la Révolution, la partie la plus importante, sinon la presque totalité, du corps des officiers, aussi savants que braves, le plus brillant état-major du monde.

Ils ont lutté aussi bien dans le lointain que dans le proche Orient. Aux temps héroïques des Croisades, dont la France eut à la fois la noble initiative et la part principale, ils y ont établi ce magnifique renom qui y subsiste depuis des siècles et qui y dégage toujours un parfum de loyauté, de vaillance, de piété insigne et de générosité.

Et quelle fraternité avec le menu peuple qui les y avait suivis! Le bon sénéchal de Champagne, Joinville, raconte qu'il conseilla au roi de rester en Terre-Sainte pour sauver et racheter « les pauvres prisonniers qui ont été pris au service de Dieu et au sien », se souvenant de ces belles paroles de Monseigneur de Bourlemont, son cousin-germain : « Vous vous en allez outre-mer ; or prenez garde au retour car nul chevalier, ni pauvre, ni riche, ne peut revenir qu'il ne soit honni, s'il laisse aux mains des Sarrasins le menu peuple de Notre-Seigneur, en compagnie duquel il est parti. »

Sur le Continent, la noblesse a fait respecter notre France en luttant d'une manière vaillante et persévérante contre ses deux grands ennemis : le puissant empire d'Allemagne et l'implacable nation anglaise. Elle a défendu l'intégrité du territoire au prix de flots de sang à Bouvines au temps de Philippe-Auguste et pendant la guerre de Cent Ans à Crécy, à Poitiers et dans les plaines d'Azincourt. Et quelle part glorieuse elle prit à la délivrance définitive de la patrie dans l'héroïque épopée de sainte Jeanne d'Arc, la Pucelle de Domrémy !

La noblesse accompagna Charles VIII, Louis XII et François I<sup>er</sup> en Italie, où elle puisa le goût des splendeurs de la Renaissance. A son retour, imitant l'exemple magnifique des rois qui élevaient à Paris et aux environs de superbes palais, et de plus les ravissants châteaux de la Loire, elle se fit construire pour elle-même dans une multitude de villes de somptueux hôtels de cette époque célèbre. Ils y voisinent sans trop de désavantages, en y mettant une note de plus, avec les sublimes cathédrales et les édifices gothiques de la période antérieure. Tous sont des signes éminents de la grande richesse, de l'étonnante prospérité de ces deux époques sottement décriées par les oracles de la primaire qui tout aussi bien pourraient nier le soleil. Oui, le proverbe est toujours vrai : « Quand la bâtisse marche, tout marche. » Quelles nombreuses maisons sortent aujourd'hui de terre? Il y en a plutôt qui s'écroulent.

Ces belles constructions d'autrefois qui défient les siècles sont encore les signes éclatants de cette magnificence si française qui, dans tous les pays, au sentiment des moralistes et des théologiens, est une vertu éminente et qui avec la magnanimité fait partie de la Force, grande vertu cardinale.

C'est à ces nobles occupations que l'aristocratie française dédiait ses loisirs et consacrait ses beaux deniers après avoir enrichi le sol de la patrie par les rudes labeurs de l'agriculture.

Pendant ce temps une autre aristocratie, de goûts et d'idéal absolument différents, employait son esprit, toutes ses industries à pourvoir de grosses viandes noires les lourdes tables de ses cuisines. Et comment? Par le soin extrême, l'amélioration constante et progressive, un perfectionnement vraiment extraordinaire du bœuf, du porc et du mouton devenus les monuments remarquables et les grandes merveilles de sa contrée. A défaut de vin tonique Château-Margaux ou Saint-Emilion pour accompagner dignement biftecks et rosbifs à la *Gargantua*, cette aristocratie sut trouver l'alcool de grains et plus tard de pomme de terre, le tord-boyaux, le wisky de chaque jour. En échange du dégradant opium des Indes, la Chine lui enverra plus tard ses caisses de thé, à l'infusion très chargée, afin d'aider à sa pantagruélique digestion anglaise. Montesquieu, le grand ami d'Albion, a laissé au dix-huitième siècle sur son séjour à Londres quelques notes curieuses : « Le peuple anglais, dit-il, mange beaucoup de viande, cela le rend très robuste; mais à l'âge de quarante à quarante-cinq ans, il crève. Et il ajoute : La corruption s'est mise dans toutes les conditions. Il y a trente ans qu'on n'entendait pas parler d'un voleur dans Londres; à présent il n'y a que cela. L'argent est ici souverainement estimé, l'honneur et la vertu peu. Un ministre ne songe qu'à triompher de son adversaire dans la Chambre basse, et pourvu qu'il en vienne à bout, il vendrait l'Angleterre et toutes les puissances du monde ».

La cruelle engeance de ces aventuriers qui, en 1066, conquirent la terre des Angles sous les ordres du Bâtard de Normandie s'est changée d'abord et a changé ensuite ce peuple, auparavant si noble, en insatiable bête carnivore, presque carnassière.

En vain l'Eglise de Jésus-Christ, mère sage et prudente, nous conseillera-t-elle, nous commandera-t-elle d'apaiser par l'abstinence ces violentes passions irascibles et concupiscibles de notre organisme si dangereuses pour tous et que nous devons absolument combattre; l'Anglais sur ce chapitre si important de la morale ne veut rien entendre. Cependant il est hors de doute que la boisson et l'alimentation ont une influence considérable sur les nerfs et les muscles de l'homme, tout comme sur l'organisme physiologiquement très ressemblant de beaucoup d'animaux. « Es-tu simplement nourri de paille hachée avec une pointe de luzerne? tu es un bœuf patient et tranquille de labour, une douce brebis à la laine généreuse. Es-tu abreuvé de sang et gorgé à satiété de viande échauffante, tu as dans ton organisme quelque chose du chien hargneux, de l'ours féroce, du loup furieux ; tu t'emporterais, tu ragerais facilement, achevée l'œuvre laborieuse de ta digestion qui t'a tenu dans une torpeur relative de sotte hébétation. » « Dis-moi ce que tu manges et je te dirai qui tu es », disait un éminent médecin, très savant physiologiste. Oui, en imitant imprudemment les animaux dans leur genre de vie, on contracte à la longue, sans qu'on s'en aperçoive, quelque chose de leur nature brutale, et, qui le croirait? quelques-uns de leurs traits. Est-ce un peu dans ce sens qu'il est parlé dans l'Ecriture de *la marque de la bête?* Qui sait ; on voit quelquefois certains profils qui semblent caractéristiques.

Il ne paraît pas très difficile d'admettre que les gens extrêmement carnassiers, en plus, grands buveurs d'alcool, acquièrent une certaine férocité. Cependant la férocité diffère du courage ; elle s'attaque par instinct à plus faible que soi ; le tigre se garde de braver le lion.

Telle apparaît, avec des traits assez remarquables de férocité, l'Angleterre de la fin de cette époque qui introduit aux fureurs du protestantisme, aux barbares, aux sanglantes guerres de religion.

Avant de gagner la bataille de Crécy, Edouard III a mis à feu et à sang d'une manière cruelle la Normandie, l'Ile-de-France et la Picardie, soumises à Philippe de Valois. Après s'être emparé de la ville de Calais, dans sa fureur il veut livrer au bourreau Eustache de Saint-Pierre et les autres notables qui se sont dévoués pour le salut de leurs concitoyens. Ce fut à grand'peine que la reine Philippa de Hainaut put obtenir la grâce de ces héros en se jetant aux pieds d'Edouard et en le suppliant avec les plus vives instances au nom de tout ce qu'il avait de plus cher.

Mais à la fin de la guerre de Cent-Ans, sans la moindre protestation de ses aristos et de ses prélats ou plutôt avec leur entière approbation, l'Angleterre va commettre une des plus grandes iniquités de l'histoire, un monstrueux assassinat juridique accompli avec toutes les formes de la justice, ce qui dans l'espèce le rend excessivement grave : l'assassinat de l'héroïque Vierge lorraine qu'elle condamna aussi au plus cruel des supplices, celui du feu. Ce qui semble le plus fort, c'est que cette iniquité s'accomplit avec une froide barbarie, une sorte d'inconscience que le temps de la réflexion qui fut de plusieurs mois ne fait qu'aggraver en culpabilité.

Et ce ne sera pas du reste la seule fois que la perfide Angleterre se donnera la satisfaction de faire juger et exécuter de nobles, d'illustres Français par des traîtres de leur nation qu'elle aura bassement achetés. En Bretagne et dans la Vendée, à Paris et dans les grandes villes pendant les horreurs de 1793, il a été reconnu que c'est l'or anglais qui a payé les grands scélérats que la maçonnerie a employés pour cette horrible besogne et ensuite glorifiés. Détail particulier que l'on a su : dans les massacres de septembre, l'Angleterre dut compter vingt-six livres par jour à chacun des criminels qui s'y employèrent ; ils avaient refusé de le faire pour vingt-cinq livres. La discussion, paraît-il, dura assez longtemps, ces mercantis mesurent d'ordinaire l'argent au compte-gouttes ; les francs-maçons en savent quelque chose, l'Angleterre n'en fait aucun d'eux millionnaire.

***

A qui fera-t-on croire que le sang de la virginale Martyre de Rouen n'est pas retombé sur la nation anglaise comme celui du Fils de l'Homme sur la race déicide et celui des Saints sur leurs persécuteurs?

A peine terminée la guerre de Cent-Ans, l'Angleterre fut déchirée par celle des Deux-Roses que se livrèrent les maisons d'York et de Lancastre. Cette dernière triomphe dans la personne d'Henri Tudor, mais l'aristocratie sort épuisée d'une longue lutte de trente années.

Le fils de ce Tudor, Henri VIII, vrai Barbe-Bleue anglais, sépare son pays de Rome et lui cause ainsi le pire des maux qui pût lui arriver. Les sacrements, la doctrine et la hiérarchie de l'Eglise romaine, soumise en tout au Souverain Pontife, sont les moyens véritablement indispensables que Dieu a établis, il y a vingt siècles, pour la moralisation des personnes et des peuples et pour leur sanctification. Ainsi rompre avec l'Eglise romaine, c'est rompre avec la vérité qui éclaire et tomber dans de profondes ténèbres, rompre avec la saine justice qui garde du mal, avec cette sainteté efficace qui accroît le bien hors de toute mesure en remplissant les âmes du véritable et parfait amour de Dieu et du prochain. L'Angleterre en a fait, elle en fait toujours la cruelle expérience. Le voluptueux Henri VIII a successivement couronné et honteusement répudié ses six femmes, envoyant deux d'entre elles à l'échafaud. Il fait main basse sur les biens sacrés des monastères et en donne une bonne part à ses lords et pairs spirituels pour se les attacher. Ceux-ci s'empressent de déclarer l'immonde concubinaire chef suprême de l'Eglise anglicane. Plus coupables encore que lui, ces évêques sacrilèges ne tardent pas à contracter des mariages criminels. Qu'est-il sorti et que pouvait-il sortir de ces unions qu'on doit appeler maudites? Des générations vouées à l'anathème moins encore par le vice de leur naissance, que par la haine vraiment satanique, *no popery !* inspirée à ces malheureux par leurs tristes parents, haine pour le bien surnaturel qui se trouve exclusivement dans l'Eglise romaine, dans l'Eglise catholique, tandis que sans honneur languissent desséchées ces branches qu'infecta le poison de l'erreur.

Les monastères spoliés et supprimés par Barbe-Bleue, les quarante mille malheureux qu'ils assistaient se trouvent sans ressource et même sans pain. On en avertit le sinistre Henri VIII. « Qu'on les tue! » dit-il, et il fut fait ainsi.

Qui en France connaissait ces détails de l'histoire de l'Angleterre? Beaucoup d'entre nous savent assez imparfaitement notre propre histoire, plusieurs même en ont certaines idées passablement fausses; mais l'histoire des autres pays, presque personne ne la possède en dehors des professeurs; la majeure partie de nos compatriotes l'ignorent complètement; ils la supposeraient, qui sait? aussi belle, peut-être plus belle que la nôtre par excès d'humilité et de bienveillance. Il est bon, il est même nécessaire d'en connaître quelque chose, particulièrement de notre irréconciliable ennemie. Aucun Français ne devrait ignorer tout ce qui peut se savoir de cette Chambre des lords bassement hypocrite, toute chamarrée de décorations et de fourrures, d'une tenue extérieure impeccable, qui en impose au monde entier mais qui tyrannise les deux hémisphères.

Malgré la taxe des pauvres établie en Angleterre, Londres est la ville du monde où s'affiche le plus, où s'étale le paupérisme dans toute sa laideur. A côté du luxe insolent des fameux milords traînés dans leurs autos de princes, on contemple la plus lamentable miséraille : des hommes et des femmes au teint cadavérique, vêtus de sordides haillons jamais rapiécés, un soulier éculé d'une espèce et une vieille bottine d'une autre pour chaussures, de vieux chapeaux malpropres plus que défraîchis et plus ou moins entamés; ils couvrent les têtes amaigries de ces longs squelettes ambulants qui cherchent un peu de chaleur dans une marche pénible. N'est-ce pas là le châtiment terrible du sang innocent versé il y a cinq siècles, et de celui des martyrs de l'Irlande?

Et quels sont les plus punis sinon ces milliardaires sans entrailles rongés par *le spleen*, l'ennui mortel? Ce spleen qui peut mener au *désespoir* porta, il y a quelques années, le roi des diamants, retour du Transwaal, à en finir avec sa triste vie en se précipitant dans les flots. Quel effet nous font-ils quand nous les rencontrons sur quelque place? Vêtus à la perfection, la plupart paraissent-ils intelligents? Ils ne m'ont jamais produit cet effet.

« Mais, dira-t-on, au point de vue matériel qui est tout de même quelque chose, la race anglaise des deux hémisphères n'est-elle pas la plus riche du monde? » Accordé pour cette richesse, fille du progrès matériel, qui est la moindre de toutes, remplie de dangers et maudite par le Fils de Dieu : « Malheur aux riches! » Seuls l'apprécient beaucoup les gens imprudents et légers, de peu de réflexion. Le bon sens l'a dit dans la fable du *Savetier* :

Ni l'or ni la grandeur ne nous rendent heureux ;
Ces deux divinités n'accordent à nos vœux
Que des biens peu certains, qu'un plaisir peu tranquille ;
Des soucis dévorants, c'est l'éternel asile.

Du reste quand, après beaucoup d'efforts et les plus sérieuses études, on est arrivé à pénétrer le fond de la nature extrêmement noble de l'homme, ainsi que l'ont fait Bossuet, Pascal et tous les grands auteurs, on reconnaît qu'il n'est point un être abject que peut rassasier le seul bien-être :

Borné dans sa nature, infini dans ses vœux,
L'homme est un dieu tombé qui se souvient des cieux.

Et Alfred de Musset qui a jeté ce cri poignant:

Au fond des vains plaisirs que j'appelle à mon aide,
Je trouve un tel dégoût que je me sens mourir !

Les grandes nations ne sont point celles qui ne possèdent que le misérable bien-être. Les grandes nations, les premières du monde, sont celles qui sont riches des splendides progrès intellectuel, moral, surnaturel. Quand elles voudront, elles bousculeront et vaincront, puisqu'elles ne craignent pas la mort, celles qui n'ont que des tanks, des canons, des superdreadnougts et pas des hommes !

# CHAPITRE IV

## Les autres Gloires de la Noblesse française au Moyen-Age

Dans notre récit, ne perdons point de vue le principal de notre sujet quand nous en présentons la partie secondaire : l'aristocratie plus ou moins noble des autres nations voisines.

Aux services incalculables que notre vaillante noblesse a rendus à la France par la charrue et par l'épée, par les constructions magnifiques et l'appui généreux qu'elle a toujours prêté à la sainte Église et dont nous avons longuement parlé, ajoutons ceux dont elle a grandement favorisé notre patrie, d'abord au point de vue de la justice, ensuite de la culture littéraire qui sont, l'une presque autant que l'autre, d'une importance extrême dans tous les temps et dans tous les pays.

Sans contredit la justice est la base des États avec la religion et la sauvegarde des nations. S'y rétablit-elle après avoir faibli, alors « les bons se rassurent et les méchants commencent à trembler ».

Le juge a un rôle de tout premier plan dans toutes les sociétés humaines. Est-il négligent ou timide? Alors le crime lève la tête, il foisonne; les victimes se multiplient; leurs souffrances deviennent même atroces par la férocité et l'audace des malfaiteurs. Au contraire le juge est-il fort? Le vice se cache au fond de ses antres, le crime diminue en nombre et cruauté au lieu d'entraîner les autres et de dissoudre lamentablement la société. La sécurité renaît. L'honnêteté se remet au travail et à l'économie, assurée qu'elle est d'en recueillir les fruits, d'en jouir paisiblement, avec une absolue sécurité. L'ordre règne; la Religion, cette autre base des nations, est hautement respectée; tout le pays prospère. Mais qui donnera aux juges la fermeté indomptable pour remplir ces graves devoirs dont l'accomplissement expose à peu près partout, de la part du crime, à de dangereuses représailles, à de cruelles vengeances?

La magistrature offrit à la noblesse de robe qui se passionna pour le droit une carrière extrêmement honorable; la sécurité intérieure est-elle moins importante que la sécurité extérieure? Le glaive de la justice est-il de moindre valeur que l'épée des combats? Et n'expose-t-il pas celui qui le brandit à des dangers de mort, presque tout autant que sur le champ de bataille?

Les nobles achetèrent les charges de judicature qui, jusqu'à la fin de la monarchie, n'eurent que de faibles émoluments; mais « *les écus avant les écus!* » Ces âmes généreuses se contentaient du précieux témoignage de leur conscience et de la haute considération dont ils jouissaient de la part de leurs concitoyens; en effet leur

ferme bon sens reconnaissait les immenses services rendus à la société et à la patrie par cette
magistrature si intègre et si énergique. Leurs
relations continuelles avec les puissantes familles auxquelles ils appartenaient, et qui les
auraient vengés, leur permirent d'exercer la justice en toute indépendance sans la moindre
crainte. Ils réprimèrent le mal dans toute la
France avec une fermeté et une vigueur tout à
fait efficaces qui rendit les délits beaucoup plus
rares et aussi moins cruels par suite des supplices rigoureux qui en constituaient l'inévitable,
le juste châtiment.

Vraiment La Bruyère, presque toujours si
judicieux, s'est trompé dans ses sentiments
humanitaires quand il a attaqué ces antiques
manifestations où l'on allait pendre *en cérémonie*
un criminel au son de toutes les cloches, avec la
troupe et toute la maréchaussée sous les armes.
Les enfants et les jeunes gens qui se fourrent
partout avaient vu des scélérats enchaînés blê-
mes de terreur; ils avaient entendu les cris
déchirants des parricides qu'on exécutait après
leur avoir coupé le poignet droit. Retournés à la
maison, quelles salutaires réflexions faisaient
les parents à ceux qui manifestaient l'instinct de
la cruauté ou du vol! « Veux-tu finir comme
lui? Veux-tu qu'on t'emmène de la même façon
et qu'on te laisse pendre plusieurs jours jusqu'à
ce que les vautours viennent te manger? »
Quelle utile terreur dans l'âme impressionnable
des enfants !

Notre système actuel, inventé par des humanitaires très mal inspirés où l'on cache la répres-

sion, a multiplié outre mesure les crimes, même les forfaits ; n'est-il pas absolument vicieux ? Revenons sans tarder aux sages et sévères pratiques, au bon sens d'autrefois. De même, ces anciens gendarmes au vaste chapeau à claques et aux larges manteaux, montés sur leurs grands chevaux tandis qu'ils faisaient la tournée du canton, avaient un tout autre aspect que nos vulgaires cyclistes au képi sans apparence et qui n'impressionnent personne. Nous semblons plus idéalistes que nos ancêtres, mais connaissons-nous aussi bien qu'eux cette saine philosophie qui constate l'influence indéniable des choses sensibles sur une infinité de gens ? L'expérience est faite.

Les aînés de la noblesse avaient reçu du roi les droits de haute et basse justice sur leurs terres d'après leur importance respective. C'étaient d'abord les vrais juges de paix de leur époque qui accordaient sur place, c'est-à-dire dans la cour de leur château et sans frais, des parties qu'ils connaissaient fort bien. C'est ainsi que procèdent aujourd'hui les grands propriétaires américains.

Les aînés étaient aussi des juges décidant au civil et au criminel dans des époques troublées ; ils s'entouraient d'une cour de justice pour étudier les cas épineux. Poursuivant avec leurs hommes d'armes le banditisme qui apparaissait dans le ressort de leur juridiction, ils firent longtemps bonne et prompte justice des criminels et des assassins qu'ils ordonnaient de pendre haut et court autant pour l'exemple que pour l'expiation. D'autres bandits ou voleurs de grand chemin allaient purger leur peine dans les prisons du château. Des écrivains naïfs ou sottement malhonnêtes ont affirmé sans sourciller que ces cachots et basses fosses avaient été créés pour les braves gens dont la vue de face ou de profil n'avait pas l'heur de plaire au châtelain du lieu. Malgré tout le zèle déployé par la primaire pour inculquer au cœur des jeunes générations la haine de la noblesse, en faisant entrer ces fables stupides dans le cerveau des enfants, cette fausse doctrine n'a pas pris. Les vieilles traditions de nos campagnes, toutes si favorables à la noblesse, ont eu raison de ces extravagantes sornettes.

Il est tout naturel que nos braves aïeux fussent reconnaissants au seigneur du château qui les délivrait ou mieux les préservait du brigandage qui, non seulement désolait, mais même terrifiait d'autres nations. Il faut avoir vécu des années dans des contrées infestées de bandits, avoir passé des nüits et des nuits dans de cruelles alarmes au milieu des coups de feu et de sauvages clameurs, avoir rencontré de pauvres gens pleurant et sanglotant, dépouillés de leurs hardes et de leurs misérables provisions, tout auprès du cadavre de leur père gisant dans une mare de sang, pour connaître le prix de la sécurité. Cette sécurité, l'aurons-nous longtemps en France ?

En Angleterre, depuis des années et des années il y a, paraît-il, de véritables écoles de vol ; mais la police savamment organisée, stylée à la perfection et grassement stipendiée par les riches, les met complètement en sûreté.

Il paraît que les rassemblements dans les rues de Londres sont soigneusement entrecoupés par de hautes grilles enfoncées dans les maisons et qui, au moment critique ou simplement au moment voulu, s'avancent tranquillement dans les rues portées sur des galets pour parquer les gens par petits groupes, et on ne sort de là, c'est naturel, qu'en montrant patte blanche. Pratiquement, voilà à quoi aboutit le droit de réunion tant vanté par les naïfs admirateurs des institutions anglaises.

La police et la gendarmerie de la troisième république, bien logées, bien payées, bien retraitées, ne trouvent sûrement voleurs et assassins que quand des personnes intéressées à les faire arrêter ajoutent, aux impôts onéreux qu'elles versent dans ce but chaque année, une prime de cinquante mille à cent mille francs. Avec moins, bien des malfaiteurs restent introuvables; mais vraiment pourquoi des primes à des individus bien payés déjà pour cette besogne-là?

Dans des pays plus intelligents, plus pratiques, le gendarme perd de sa solde s'il n'a pas découvert et arrêté les malfaiteurs; aussi quel zèle pour chercher! quelle habileté pour découvrir, quelle énergie pour coffrer les coupables malgré les cent ruses de leur sac et toutes les résistances! Oui, combien de temps encore aurons-nous un reste de sécurité?

En assurant par la sotte sensiblerie du jury, d'importation britannique, une véritable prime à la criminalité, nous causons une augmentation sensible des délits et des forfaits, qui ne tardera pas à devenir effrayante. Quand nous verrons assassiner dans notre voisinage, — avec la désorganisation sociale actuelle cela ne saurait beaucoup tarder, — nous commencerons à trembler et nous nous reprocherons, comme les Russes honnêtes, de nous être cantonnés chacun dans notre demeure au lieu de travailler énergiquement de toutes les manières possibles à éteindre le violent incendie qui consumera la cité. On se prépare; c'est par là que l'on doit commencer; ensuite on se réunit pour se concerter; on discute après amples informations, et on ne se sépare pas sans avoir pris des mesures véritablement efficaces qui, à la fin de toutes les tentatives, peut-être d'abord infructueuses, produisent le changement désiré. L'animal se rebute quand, après trois ou quatre efforts, il n'a pu tirer le véhicule de l'ornière; l'homme, celui qui s'est véritablement formé par les Humanités antiques ou modernes, tourne habilement l'obstacle ou l'attaque même de front; loin de l'abattre, la difficulté le stimule, elle exalte ses énergies et, appuyé sur le secours divin, il n'y a rien dont il ne vienne finalement à bout. Mais, encore une fois, l'union fait la force, l'isolement la faiblesse, la désunion la ruine. Sachons cette maxime.

*<br>**

Mais quel est le commencement de toute chose dans la réorganisation sociale après avoir imploré le secours d'En-Haut? Comment faut-il entendre la sage maxime : « Aide-toi et le Ciel t'aidera? » La première chose à faire c'est de nous former, de faire des hommes parmi nous, mais des hommes dans toute la force du terme.

L'homme est avant tout un être intelligent; sa raison vigoureusement développée et parfaitement équilibrée doit tout mener dans sa vie et autour de lui. Sa formation commencera par l'esprit, continuera par le cœur ou l'acquisition des nobles sentiments, elle aboutira à faire de lui un caractère. Un poète l'a dit :

Et l'homme n'apprend rien s'il n'apprend à vouloir.

Mais la volonté est une faculté magnifique qui a ses racines dans l'esprit, un esprit enrichi de principes. C'est ce que n'ignoraient pas nos ancêtres aussi prudents, aussi sages que vaillants.

Le grand empereur Charlemagne, dont le génie égalait la puissance, avait enseigné d'une façon tout à fait pratique à ses nobles compagnons d'armes et dans l'école même de son palais, l'immense prix des lettres, des sciences et des arts. La leçon ne fut pas perdue.

Zélée pour faire instruire ses fils et les plus intelligents des autres, l'aristocratie française aida puissamment le clergé à l'établissement des abbayes et à leur solide organisation; elles furent autant les sanctuaires de la science que de la piété. Les cadeaux les plus appréciés que la noblesse recevait de ces asiles du vrai, du beau et du bien, ce n'étaient pas les produits agricoles de ces fermes modèles en blé, en vin et en chevaux, mais les manuscrits littéraires, savants ou religieux, magnifiquement enluminés, que les moines envoyaient à leurs défenseurs du château. Dans bien des occasions la noblesse faisait venir ces merveilleux ouvrages de fort loin et à des prix onéreux.

Cultivée comme elle l'était, elle accueillait non seulement avec bienveillance, mais avec une faveur très marquée le troubadour et le trouvère qui venaient frapper à la porte de ses demeures seigneuriales pour y déclamer, y chanter les merveilles du bien parler et de la gaie science.

Les barons, les ducs et même les princes ne dédaignèrent pas à leur tour de prendre la plume pour écrire de gentilles ou mélancoliques poésies, pour chanter des hymnes guerriers ou relater des histoires pleines d'intérêt. Bertram de Born, Bernard de Ventadour, le sire de Joinville, Thibault, comte de Champagne, le puissant Guillaume, duc d'Aquitaine, enfin le prince Charles d'Orléans ont laissé des œuvres d'une réelle valeur qui devraient être plus connues.

Les châtelains du Moyen-Age avaient d'ordinaire un ecclésiastique chargé du service de leur chapelle domestique. Ces chapelains prirent aussi le nom d'aumôniers, chargés qu'ils étaient de distribuer aux pauvres nécessiteux les libéralités de la famille. Ils exerçaient parfois aussi les fonctions de précepteurs. Ce contact continuel avec les ministres de l'Eglise n'a pas peu contribué à maintenir généralement parmi les nobles une haute moralité.

Le Moyen-Age est du reste l'heureuse époque pendant laquelle le clergé parvint à la science la plus haute et la plus profonde. Les études commencèrent alors à être sanctionnées par la collation des grades universitaires ; on devint successivement bachelier, licencié, docteur en théologie, en l'un et l'autre droit, enfin en médecine. Les études philosophiques les plus profondes précédaient ces études supérieures finales. On n'imagine guère aujourd'hui la descente qu'on imposait à ces robustes esprits, au milieu d'abstractions plus difficiles que celles des mathématiques modernes, pour examiner jusqu'au plus profond les bases des connaissances humaines, en constater l'inébranlable solidité. Un séminariste disait dans une boutade : « En étudiant la philosophie on perd la raison, et en étudiant la théologie on perd la foi. » — « Vous dites bien, lui répondit un éminent docteur, on les perd en cours de route ; mais on les retrouve radieuses et resplendissantes quand on a le courage d'aller jusqu'au bout. »

Les ecclésiastiques du Moyen-Age, ceux du clergé séculier aussi bien que ceux du clergé régulier, étaient des hommes entièrement convaincus, rendus capables, par les plus fortes études de logique qu'on ait jamais faites, de pulvériser toutes les objections qu'on pouvait élever contre leurs saines doctrines philosophiques et théologiques. On les y formait, du reste dans ces savantes Universités où les soutenances contre les objections des juifs et des gentils étaient à la fois tout ce qu'on pouvait imaginer de plus brillant et de plus difficile. Ces terribles assauts d'esprit étaient, dans le champ de la pensée, absolument comparables aux joutes chevaleresques des tournois les plus hardis. Les soutenances d'aujourd'hui n'en sont qu'un reflet ; pour nous en convaincre, comparons les livres de cette savante époque avec les nôtres, ils ne paraissent pour la plupart que de simples manuels auprès de ces formidables in-folio.

Etonnons-nous que ces hommes si éclairés et si convaincus qui pratiquaient avec ferveur, tout les premiers, ce qu'ils enseignaient aux autres, eussent un empire irrésistible, absolu sur les esprits et les cœurs de leurs auditeurs. Ils les entraînèrent à leur suite aux croisades lointaines ou périlleuses, ou dans les rigoureux déserts de la vie religieuse, ou enfin au chevet des pestiférés.

Oh! combien les nobles seigneurs du Moyen-Age ont été récompensés de la part, sinon prépondérante, au moins extrêmement importante qu'ils ont prise à la création et au développement de nos antiques Universités. C'est à la foi éclairée, solide et ardente qu'elles lui ont donnée, que la France est redevable de plusieurs de ses grandes gloires, entre autres la Chevalerie, les Corporations, les œuvres éminentes de charité et les communes. C'est avec la haute culture de ces savantes Universités que se sont formés les grands caractères de cette époque qui ont pu concevoir et réaliser des œuvres aussi prodigieuses. L'antiquité et le Moyen-Age sont d'accord pour établir ce principe que la vraie science, aussi haute que profonde, est la mère de tout ce qui est grand. Du reste, le père de la science moderne, François Bacon, l'a déclaré en parlant de la religion : Peu de science en éloigne, beaucoup de science y ramène. Mais cette science haute et féconde ne réclame pas la vaste extension qui veut tout embrasser au risque de mal étreindre; elle l'éloignerait presque et se limiterait sagement. D'ordinaire on perd lamentablement en profondeur ce qu'on gagne en étendue; aussi l'homme d'une science profonde est un bienfait tandis que l'homme superficiel, le demi-savant, est assez souvent un fléau. Quand il s'attelle présomptueux à une affaire importante, à une besogne épineuse, c'est souvent pour la faire échouer.

Bien différent de notre médiocre baccalauréat d'aujourd'hui qui touche à tout, n'approfondit absolument rien, fait pour la plupart des râtés, celui du Moyen-Age, loin d'être un terme aux études, était le premier échelon aux connaissances supérieures et complémentaires sagement sanctionnées par la licence et les doctorats.

Quand donc aura lieu la sage réforme de notre absurde baccalauréat? Lorsque cette puissance étrangère qui gouverne presque tout chez nous afin de désorganiser la France et se l'assujettir, aura été entièrement ruinée par nos armes et que nous aurons recouvré toute notre liberté. Que la vaillante et intelligente noblesse française aide vigoureusement notre héroïque clergé à recouvrer tout son prestige, sa très haute valeur par les puissantes études de jadis; qu'elles soient dès maintenant affranchies pour toujours de la pédantesque érudition allemande, surtout de cette philosophie prétendue scientifique d'outre-Rhin qui égale, ô folie, le fini à l'infini, l'être au non-être, la monstruosité à la beauté, la cruauté à la douceur, en un mot tous les contraires. Il y a longtemps qu'on en aurait fini avec Kant, Fichte, Hégel et leurs congénères si on avait suivi le sage conseil donné par La Fontaine dans sa jolie fable du *Dépositaire infidèle*. Un premier conteur, était-il gascon ? y parle bonnement d'un chou plus gros qu'une maison ; un autre, vraisemblablement normand, d'un pot aussi grand qu'une église ; le premier se moquant, l'autre lui dit : « Tout doux, on le fit pour cuire vos choux », et La Fontaine d'ajouter :

Quand l'absurde est outré, l'on lui fait trop d'honneur
De vouloir par raison combattre son erreur ;
Enchérir est plus court sans s'échauffer la bile.

Que de temps perdu à s'escrimer contre tous ces fantômes au lieu de s'instruire à fond et d'instruire solidement les autres de la philosophie et de la théologie catholiques ! On ne s'amuse point à écouter, moins encore à discuter et jamais à réfuter les extravagances que débite la folie. On passe son chemin. On a autre chose à faire.

Adoptons dorénavant ce sage système indiqué par La Fontaine.

# CHAPITRE V

## La Chevalerie

Le clergé du Moyen-Age, si éminent en science et en vertu, ne tarda pas à exercer sur la noblesse une influence des plus heureuses. Après avoir travaillé avec succès par la Trève de Dieu à la diminution et presque à l'extinction des guerres féodales, il éleva les gentilshommes chrétiens à un idéal encore plus grand et plus beau. Il leur proposa d'entrer généreusement dans un Ordre militaire créé exclusivement pour des puissants capables de défendre l'opprimé, la veuve et l'orphelin, de redresser les torts même à la pointe de l'épée, de protéger l'ordre social contre toutes sortes de malfaiteurs. C'était bien autre chose que la Légion d'honneur, créée par Napoléon I<sup>er</sup>, dans laquelle des héros se coudoient avec des mercantis, avec des gens plus ou moins indignes, des chevaliers... d'industrie....

La Chevalerie a été non seulement étudiée, mais glorieusement chantée par un noble cœur, un grand esprit qui l'avait parfaitement comprise, Léon Gautier. Ses trois ouvrages vraiment superbes : *La Chanson de Roland, La Chevalerie* et

*Les Epopées Françaises*, sont des œuvres magnifiques de justice, d'une très haute inspiration. Livres excellents entre les excellents, tout Français cultivé devrait les avoir lus, même s'empresser de les étudier. Il connaîtra alors une des œuvres les plus admirables qu'ait enfantées la charité évangélique pour la défense des grandes causes.

Repoussons du pied le *Don Quichotte* de Cervantès avec son style souple et leste qui s'apparente à celui de Voltaire. Où l'a-t-il vu ce chevalier errant? Parce qu'une nature nerveuse à imagination grandiose sera dominée par un puissant idéal qui lui fera négliger les choses matérielles, il faudra peindre une charge de ce portrait; et l'on tuera du coup ces romans de chevalerie qui ont charmé plusieurs siècles l'enfance et la jeunesse de tant de héros, ajoutons même de tant de saints? Quelle a été leur influence sur sainte Thérèse, saint François Xavier et saint Ignace de Loyola? L'imagination, non seulement échauffée mais enflammée par ces objets, était puissamment préparée à de grandes choses, à affronter les difficultés et triompher des plus terribles obstacles, à ne point craindre de singulières aventures dont on saura se tirer avec autant de bravoure que d'esprit. Notre compatriote corse, Christophe Colomb, n'a-t-il pas été amené à son entreprise si féconde par ces lectures qui avaient enflammé toute son âme?

Et que font les romans vulgaires qui les ont remplacés, dont la gamme s'étend du sot et du grivois jusqu'au crapuleux, en passant par les chimères socialistes et communistes, par les boues infectes du divorce, les sables mouvants de l'union libre, même les élucubrations hystériques de l'assassinat, du suicide et de la folie? Le roman de l'heure présente, celui qui sera vraiment goûté, ce sera cependant le *Sancho Panza* de toujours, devenu avec le temps plus habile à esquiver tout travail, à le jeter sans qu'ils s'en aperçoivent sur les épaules des autres, même des faibles, à gagner beaucoup sans travailler d'aucune façon, enfin à dépenser largement ces billets de mille venus si aisément, en autos de luxe, toilettes de princesses, cinémas sonores, choses de gourmandise ou de frivolité.

L'ignorance est devenue si grande, et chez beaucoup le sens moral, très vif autrefois, s'est tellement émoussé, qu'on ne soupçonne pas dans beaucoup de milieux le venin de ces gâteries et les abîmes de misères physiques, intellectuelles et morales où nous allons de ce train.

Avec les seules jouissances matérielles que l'on a en vue, la mentalité française serait bientôt ce qu'elle fut à la chute des grands empires, et l'on entendrait répéter dans notre pays le mot infâme de Gryllus dans les dialogues des Morts de Fénelon : « La patrie d'un cochon est partout où il y a du gland! » N'ayons pas honte d'appartenir à la réaction, à cette réaction vigoureuse qui lutte, qui serre les freins, non pas seulement pour retarder, mais pour empêcher nettement la course à l'abîme suivie de la chute finale, c'est-à-dire les grandes catastrophes pires peut-être que celles dont l'histoire conserve le fâcheux souvenir. Qu'est le communisme russe?

Revenons aux magnifiques exemples et aux salutaires leçons du passé, de ce passé qui arrêta plusieurs fois la course à l'abîme.

Pourquoi la Chevalerie fut-elle si grande?

D'abord parce qu'elle a connu et observé les règles de la tempérance chrétienne. Les écrivains impies et les folliculaires qui, depuis deux siècles, déblatèrent contre les grands sont-ils renseignés? Combien de gens qui ne sont riches que parce qu'ils économisent et se privent beaucoup, après avoir gagné en travaillant; en revanche, combien d'autres qui ne sont pauvres que parce que leur paresse est doublée d'une véritable gourmandise. Amis du jeu et tout à fait fainéants à l'école, ils n'y ont rien appris de sérieux; aussi leur manque d'intelligence, de volonté et d'esprit de suite les empêche de réussir dans la moindre des affaires. Par suite d'une ignorance profonde, ils ne soupçonnent pas le danger des plaisirs inutiles et ils s'abandonnent aux jouissances coupables qui les ruinent de toutes les façons.

Est-elle juste la théorie sociale des vases communicants qui veut égaliser les richesses et avec elles la tranquillité dans la vieillesse, les jouissances honnêtes qui prolongent la vie chez l'honnête travailleur qui s'est privé et le pochard à la face vineuse qui ne s'est privé de rien, surtout de fainéanter? Que chacun récolte ce qu'il a semé. Tu as semé des épines, qu'elles te piquent!

Ah! oui, la chevalerie d'aujourd'hui, la chevalerie socialiste qui s'occupe de ces opprimés! Elle compte dans ses rangs pressés combien de chevaliers d'industrie, dont l'habileté, peau de renard, sait même décrocher des croix... de la Légion d'honneur! C'est la parodie de notre ancienne chevalerie.

**
*

Entre les Chevaliers du Moyen-Age les plus nobles, ceux qui se sont le plus signalés, ce sont les héros qui, renonçant aux joies de la famille, s'étaient engagés dans les Ordres militaires où ils faisaient, avec les trois vœux solennels de religion, celui de combattre les infidèles. Les Hospitaliers, chevaliers de Rhodes et de Malte, les Templiers, les chevaliers de Saint-Jacques-de-l'Epée, d'Aviz et de Calatrava ont rendu à la civilisation et à l'Eglise des services immenses en luttant victorieusement, pendant des siècles, contre l'Islamisme fanatique et fainéant, orgueilleux, voluptueux. Et quelle est la souche noble qui n'a pas eu des héros dans l'une ou l'autre de ces fraternités si célèbres? de ces religions, ainsi qu'on les nommait.

Au sujet des Templiers, l'histoire impartiale et complète a un grave devoir à remplir.

Ces religieux militaires, fondés par le provençal Gérard de Martigues, avaient reçu leur Règle de saint Bernard lui-même. Après la reprise de Jérusalem par les Musulmans, les Templiers se retirèrent en Europe au milieu des nations occidentales. Leurs châteaux-forts, à la fois hospices pour les voyageurs qui sillonnaient, nombreux alors, toutes les routes de la France, et aussi monastères où l'office divin se célébrait avec solennité, rendaient aux populations des services appréciés ; le moindre était d'assurer la sécurité des voies de communication par les armes, en les purgeant de brigands.

Cependant Philippe le Bel, le faux-monnayeur, dans sa lutte impie contre le Saint-Siège avait assemblé les Etats Généraux, comme s'appuyant sur la nation. Avait-il acheté à beaux deniers, parmi ses membres, des complaisances coupables ? Dans quelle assemblée politique cela ne se fait-il pas ? La recette est ancienne, Philippe de Macédoine la connaissait.

Notre Philippe se trouva passablement démuni de ce nerf de la guerre et de toutes les entreprises qu'est l'argent comptant. Pour garnir ses coffres, il jeta les yeux sur l'Ordre riche des Templiers et entreprit de les dépouiller. C'était sa façon de reconnaître le service que lui avaient rendu ces religieux en lui ouvrant les portes du Temple, dans une émotion populaire où les séditieux en voulaient à sa vie.

Accusations infâmes dont celle d'ivrognerie qui a subsisté, exécutions rapides des Supérieurs majeurs et de cinquante chevaliers livrés aux flammes dans le but d'ameuter l'opinion contre eux, ce fut l'affaire de peu de semaines ; mais le Grand-Maître, Jacques de Molay, cita, du haut de son bûcher, le roi à comparaître au tribunal de Dieu au bout de six mois et le Pape, accusé de faiblesse, au bout d'une année. Ils moururent en effet au temps assigné. Philippe périt à quarante-six ans d'une chute de cheval, sous le poids d'une vraie malédiction, laissant trois fils qui régnèrent peu de temps et sans avoir de postérité ; cette famille s'éteignit.

Quant à la presque totalité des Templiers, les tribunaux les reconnurent innocents. Pour suivre leur vocation, leur Ordre ayant été supprimé, ils furent agrégés aux Hospitaliers de Malte ; leurs richesses les y suivirent d'après les instructions du Souverain Pontife, vouées qu'elles étaient par leurs donateurs à la lutte contre les infidèles. De cette façon, elles ne tombèrent point dans les mains rapaces de ce mauvais roi qui, avec Henri III et très probablement le gros Louis XVIII que l'on accuse d'avoir trempé dans l'assassinat du duc de Berry, sont les seules taches de nos dynasties.

L'honneur des familles nobles dont étaient issus ces vaillants et pieux chevaliers est donc resté intact.

*<br>**

Il y a eu par exemple au temps de la Réforme, qui éclata deux siècles plus tard, d'autres moines guerriers, ceux-ci allemands, totalement différents de nos Templiers français : ce sont les chevaliers Teutoniques, qui possédaient de vastes domaines en Prusse. Gros mangeurs de choucroute et de saucisse, grands buveurs de bière, ils s'empressèrent de jeter le froc aux orties au premier appel du moine de Wittemberg, l'orgueilleux Luther. Ils ne tardèrent pas à se marier sans aucune vergogne, foulant aux pieds tous leurs vœux de religion et leurs engagements sacrés. Leur supérieur général, Albert de Brandebourg [1], vieux viveur de soixante-quinze ans, fut le premier à donner l'exemple du débordement à ces fils de soudards et de hobereaux allemands qui formaient sa fervente communauté. La progéniture de ces adultères est en général empoisonnée d'une haine violente pour le Chef suprême de l'Eglise.

La postérité maudite, combien de fois maudite de ce Hohenzollern luxurieux, a-t-elle fait du mal au monde entier en 1914!... Plus de vingt millions de personnes pendant la guerre ou depuis ont ressenti dans diverses contrées la secousse mortelle de ce sinistre volcan, dont les laves mal éteintes troubleront profondément longtemps encore la paix du monde entier. Luther l'avait dit de ces faux nobles de Germanie, amis de la rapine, qui cherchaient à s'enrichir déjà, dans la querelle des Investitures, des dépouilles des autres, même des dépouilles sacrées : « Nos beaux calices et nos riches ciboires, dont ils se sont emparés, ont plus fait pour les décider au protestantisme que toutes les prédications qu'ils ont entendues ».

Les gentilshommes français qui adhérèrent au calvinisme furent bien loin de ces motifs honteux de basse convoitise. Ils crurent de bonne foi que ce serait la réforme de certains graves abus introduits dans l'Eglise à l'époque de la Renaissance; ces abus furent extirpés par le saint Concile de Trente.

Ce fut même très noble de la part de beaucoup de protestants français que de travailler à cette

---

1. C'est la tige des Hohenzollern, des rois de Prusse.

réforme. Eclairés ensuite par des docteurs aussi vertueux que savants, tels que saint François de Sales, Bossuet et Fénelon, on a vu des émules du grand Turenne abjurer simplement et courageusement le protestantisme, dans lequel leurs braves ancêtres s'étaient malheureusement fourvoyés ; ils sont ensuite devenus de très fervents catholiques.

Pour décider la très grave question de sa conversion, Henri IV avait réuni une conférence de théologiens très renommés des deux communions ; il les consulta sur son cas. Les calvinistes ne firent pas de difficulté de déclarer que le prince pouvait en toute sûreté sauver son âme dans l'une et l'autre religion ; les docteurs catholiques, seulement dans l'Eglise romaine. « Puisque vous êtes tous d'accord sur cette communion, dit-il, c'est celle que je vais embrasser pour plus grande sûreté. » C'était le langage du bon sens, et il se fit catholique.

Dans une courte discussion avec un ministre protestant des Etats-Unis, un religieux français qui voyageait en Amérique posa à ce respectable monsieur trois questions sur la religion, qui le troublèrent étrangement. Il lui demanda tout d'abord combien les protestants avaient de règles de foi : « Une seule, répondit-il, la sainte Ecriture. » — « Nous sommes plus favorisés que vous, ajouta le religieux français, nous avons l'Ecriture sainte et la Tradition ; ce qui fait deux règles. De plus, la première que vous admettez nous garantit précisément la seconde. » Et il lui montra en effet dans sa Bible anglaise, qui n'avait pas été altérée, le passage de la seconde

Épître de saint Paul aux Thessaloniciens où le grand Apôtre, inspiré du Saint-Esprit, leur dit catégoriquement : « Demeurez fermes dans la foi et conservez les traditions que vous avez apprises, soit par nos paroles, soit par notre lettre. »

A la deuxième question : « Pourquoi le Fils de Dieu est-Il venu parmi les hommes sur la terre? N'est-ce pas pour les convertir et les changer, ensuite les rendre meilleurs et enfin tout à fait saints? » Le ministre en convint immédiatement et déclara même connaître le cardinal Gibbons, alors archevêque de Baltimore qu'il estimait un véritable saint, aussi bien que son patron, saint François Xavier.

Et quand enfin on lui demanda s'il connaissait quelque saint dans sa religion, il reconnut avec une certaine confusion, mais loyalement, qu'il n'en connaissait aucun. On lui tira la conclusion que le protestantisme n'était pas la bonne religion puisqu'elle n'était pas capable d'élever à la sainteté ; elle n'est donc pas la véritable Eglise de Notre-Seigneur Jésus-Christ comme l'Eglise catholique qui sanctifie beaucoup de personnes.

Ce ministre fut profondément troublé ; il paraissait de bonne foi, fuyait la conversation pour s'enfoncer dans la lecture de la Bible qu'il savait presque par cœur. Comme le surlendemain les passagers descendirent à terre et prirent diverses directions dans le pays on ne sut pas si la conférence porta alors un bon fruit. Quelquefois malheureusement on s'endurcit malgré l'évidence, surtout quand cette prédication n'est qu'un gagne-pain.

Quand donc notre chère noblesse protestante achèvera-t-elle de se rallier à la sainte Eglise catholique qui a donné à ses illustres aïeux tant de vertu, tant de consolation et tant de gloire? Grâce à sa bonne foi et à l'excellente nature française, cette noblesse ne s'est pas précipitée dans les honteux abîmes où le protestantisme a conduit logiquement les aristocraties allemande et anglaise. Mais les vertus naturelles qu'elle a conservées ne suffisent point pour le ciel et le salut éternel. Elle aura même le malheur de se perdre pour jamais si sa bonne foi cessait de subsister.

L'expérience en est donc faite, une expérience de quatre cents ans. Quelle église protestante, après ce long temps, serait en mesure de publier une liste aussi courte que possible de ses adeptes parvenus à une vraie sainteté, à une sainteté sanctionnée par des miracles? Il n'y en a pas. L'Eglise catholique le fait partout; elle présente à l'examen et à la discussion de ses amis et de ses ennemis ce fait du plus haut intérêt.

Avouons-le. Après ces démonstrations décisives il n'est plus permis de rester engagé dans le protestantisme; c'est une religion fausse, capable à la longue de nous pervertir.

Dans ce chapitre consacré à la Chevalerie, avons-nous entrepris de peindre des tableaux magnifiques, dignes de ce brillant sujet et capables d'éclipser les chefs-d'œuvre ravissants achevés par Léon Gautier? Quelle témérité eût été la nôtre! Du reste quand le rossignol a chanté, le moineau doit se taire, dit le proverbe.

Supposant donc que nous avons inspiré à beaucoup le vif désir de lire ces belles pages, nous nous sommes limité à venger la noble institution de ses vils insulteurs et à présenter, pour lui donner un plus puissant relief, le honteux tableau qu'offre la défaillance coupable de la voluptueuse chevalerie teutonique. Cette chute rehausse d'autant le mérite de la chevalerie catholique qui a suscité tant de héros!

# CHAPITRE VI

## La Noblesse française à l'époque
## de sa plus grande Gloire

C'est au xvi^me et au xvii^me siècle, pendant les
grandes guerres de l'Equilibre européen et surtout pendant la guerre de Trente Ans que la
Noblesse française eut à se mesurer avec une
autre Noblesse digne d'elle : la vaillante Noblesse
espagnole.

Convertie de l'arianisme au catholicisme sous
le roi Récarède, frère de saint Herménigilde,
cette noblesse issue des Goths fut écrasée sous
le nombre, à la bataille de Xérès de la Frontera,
par les nuées d'Arabes fanatiques qui envahi-
rent toute l'Espagne. Ces mêmes Arabes entrèrent dans la Gaule franque par les extrémités
des Pyrénées ; ils culbutèrent les troupes d'Eu-
des, duc d'Aquitaine, puis vinrent se heurter aux
leudes de Charles Martel.

Montés sur leurs grands chevaux à Poitiers,
vingt fois les Francs sont assaillis par la cavalerie légère des Arabes dont le sabre yatagan
vient se briser contre les fortes armures. Les

soldats chrétiens avec leurs masses d'armes écrasent une multitude de musulmans jusqu'à ce qu'une habile diversion du duc d'Aquitaine oblige les infidèles à tourner bride pour aller défendre leur camp mis à feu et à sang. Les Francs vont alors à l'ennemi et le rejettent en complète déroute; ils l'obligent à se réfugier dans la Septimanie et quelque temps après à repasser les monts. L'affaire rudement menée ne permit pas aux Arabes cette longue occupation qui a été plus ou moins funeste aux pays qu'ils avaient conquis.

La noblesse espagnole partie de la fameuse grotte de Covadonga entreprend, sous la conduite de Pélage, de reconquérir son magnifique pays. Quatre royaumes se forment dans le Nord : Navarre, Léon, Castille et Aragon; un cinquième dans l'Ouest, le Portugal, est conquis sur les infidèles par Henri de Bourgogne et les chevaliers français qui iront ensuite porter la guerre dans le Maroc.

C'est seulement après sept siècles de luttes héroïques que l'Espagne aura reconquis entièrement son indépendance et qu'elle expulsera, sous Ferdinand d'Aragon et Isabelle de Castille, le dernier roi de Grenade, Boabdil.

A ce moment l'Amérique est découverte; elle attire en masse les guerriers espagnols qui y fondent de florissantes colonies. Mais que n'a-t-on pas dit et écrit sur les horribles cruautés exercées à l'égard des Indiens par les *conquistadores*!... Cherchons la vérité.

Notons d'abord que l'histoire est longtemps restée entre les mains des Allemands et des

Anglais protestants chez qui la dissimulation des propres torts et le mensonge à l'égard des autres ont marché de pair. Avec la vogue des voyages et la facilité de se transporter sur les lieux, on peut aller observer bien des choses par soi-même, les comparer avec d'autres semblables et se faire une opinion exacte du passé, à l'époque où nous vivons.

On constate qu'il y a eu dans les temps modernes deux façons de coloniser, celle des protestants et celle des catholiques; c'est seulement depuis quelques années qu'on les a modifiées. Longtemps les protestants ne se sont nullement souciés de civiliser les indigènes et de les convertir. Quand les terres étaient riches, comme aux Etats-Unis, — et ils ne prennent que celles-là, laissant aux Français le Sahara, le Maroc et les pays durs à la conquête, — les Anglais se sont appliqués à en exterminer les indigènes. Qu'ont-ils fait des Peaux-Rouges et des Indiens dont les nombreuses tribus remplissaient le pays? Par l'alcool de grains et les armes à feu, dans l'espace de moins de trois siècles, ils les ont fait disparaître; il en reste à peine cinquante mille!

L'histoire, bien entendu, n'en souffle pas un mot; complaisante à ces protestants exterminateurs, elle ne fait aucune allusion à leur inhumanité ou à leurs forfaits. Du reste jusqu'à la grande guerre, le système de destruction continuait à fonctionner ailleurs, surtout en Asie.

L'Hindoustan est le plus riche pays du monde avec les Etats-Unis; les trois règnes de la nature s'y étalent dans toute leur splendeur au pied des montagnes les plus hautes du globe. L'Angleterre a mis la griffe sur cette magnifique contrée, et que devient-elle?

Avant la grande guerre, l'empire britannique retirait chaque année un milliard de cette riche possession; par contre la famine, une famine qui décimait les populations, y était à l'état endémique dans l'une ou l'autre de ses provinces. Ce fléau était-il causé par quelqu'une des mesures administratives qui ont fait disparaître les Indiens aux Etats-Unis, ou avait-il quelque autre cause? Il serait intéressant de s'en informer.

Quant aux colonies espagnoles et portugaises elles ont le privilège d'exciter la vertueuse indignation de l'hérésie anglaise et allemande qui se voilent pudiquement la face. Ah! ce Montézuma, l'infortuné empereur du Mexique qui meurt de tristesse en pleurant son trône! et ce Guatimozin, son successeur, brûlé à petit feu, — presque à la même époque, chose curieuse tout de même, que sainte Jeanne d'Arc à Rouen; — mais ces pauvres Indiens!... par ces affreux Espagnols!...

Ceux qui ont séjourné des vingt et des trente ans en Amérique, qui ont étudié les choses sur place, en ont une idée plus exacte.

Au Mexique, lorsque Fernand Cortez s'empara du pays, régnait la barbare coutume des sacrifices humains. « Allez me chercher aujourd'hui un tel et un tel, une telle et une telle », disait le prêtre païen. On arrachait ces malheureux à leurs familles et à leurs affaires, on les traînait au temple où ils étaient étendus de force sur la longue et large pierre dressée devant l'idole.

Le prêtre païen leur arrachait le cœur après
avoir ouvert les entrailles, et de ce cœur encore
tout palpitant il frottait la face horrible de son
idole. Les Mexicains, on l'imagine facilement,
vivaient dans des alarmes continuelles. « Qui
sait si demain ce ne sera pas moi qu'on enverra
chercher!... » Chacun se le demandait avec
anxiété; la ville était, on le conçoit, toujours
profondément triste; elle respira enfin quand
elle vit le catholicisme implanté par les Espagnols et qui avait aboli ces affreuses pratiques.
Quant aux Indiens qui voulaient chasser ces
malfaisants étrangers et rétablir l'ancien système, y compris les abominables sacrifices, on
se consola bien vite de les avoir vus disparaître
avec Guatimozin.

La Religion catholique a toujours été très flo-
rissante au Mexique et fervemment pratiquée
par ces populations enthousiastes, heureusement
délivrées, qui lui en ont toujours été reconnais-
santes. Si Dieu y a permis récemment une persécution sanglante, c'est que cette vaillante et
généreuse Eglise était capable de lui donner de
glorieux Martyrs.

Les Indiens de l'Amérique du Sud qui ont vu
coloniser leur pays par les Espagnols et les Por-
tugais se chiffrent par millions. Il faut voir
l'attachement de ces populations aux familles de
leurs libérateurs qui les ont tirées de la barbarie,
du cannibalisme, de la misère et de l'abjection.
Il règne pratiquement dans plusieurs de ces
contrées une sorte de système féodal. Ceux qui
le voient fonctionner se moquent des inventions
absurdes des savants historiens de notre troi-

sième république. Ah! dans ces pays, on se garde bien, non seulement de maltraiter, mais d'offenser le paysan, fils de l'indigène, ou même de se moquer de lui; on a trop besoin de ses services pour mettre en valeur ces immenses territoires! Dans ces grandes propriétés de 500, 1000, 3000, 8000 hectares, le paysan est recherché; il a une maison où son propriétaire l'abrite gratuitement, sa petite propriété avec ses animaux de ferme, ses poules, ses pigeons, ses lapins; il chasse quand il veut dans ces terres giboyeuses; va travailler chez son patron si cela lui plaît, et dans ce cas il y est nourri et payé à la journée. Les propriétaires tâchent de leur faire plaisir afin qu'ils s'attachent à leur *fundo* ou *hacienda* dont par leur travail ils font la richesse. C'est ce que l'on voit dans l'Amérique du Sud. Ah! qu'on y est loin des forfaits exécutés aux Etats-Unis par les très hautes civilisations anglo-saxonnes qu'on a sottement crues les premières du monde! Et pourquoi? A cause de ce misérable progrès matériel qui partout et toujours a causé la ruine d'antiques et grandes nations, quand il est séparé malheureusement du progrès moral.

*<br>**

La France, dans ses colonisations, n'a pas eu non plus la folle cruauté de détruire l'indigène. Pendant deux cent cinquante ans, avec la civilisation, elle lui a procuré le bienfait immense du catholicisme. Depuis un demi-siècle, le laïcisme et l'islamisme qu'elle y protège ne lui donnent point le prestige et la haute influence dont elle a joui auparavant, particulièrement au Canada.

La noblesse française et la noblesse espagnole, fermement attachées à la Religion catholique et si dignes l'une de l'autre, se mesurèrent enfin sur les champs de bataille. Ce fut d'abord pendant les guerres d'Italie. A une époque, les Espagnols furent commandés par Gonzalve de Cordoue et les Français par Gaston de Foix, neveu de Louis XII. Ces guerres, plus brillantes et glorieuses que fécondes en résultats politiques, furent en quelque sorte des joutes et des tournois où les deux noblesses paradèrent sur les champs de bataille. Elles y firent éclater de plus belles qualités que celles qu'ont chantées Homère et Virgile dans leurs glorieuses épopées.

Pendant les guerres atroces de religion, tandis que les Anglais et les reîtres allemands accouraient au secours des protestants qu'ils n'empêchèrent pas d'être vaincus, les Espagnols, sous les ordres d'Alexandre Farnèse, vinrent prêter main forte aux catholiques. Mais ce fut au siècle suivant qu'eurent lieu les plus brillants faits d'armes entre ces deux noblesses qu'animaient également les sentiments du Cid.

Voici la cause de ces événements si remarquables : la plus parfaite des éducations donnée de part et d'autre.

Sous le règne de Henri IV, les disciples de saint Ignace de Loyola, les premiers maîtres du monde, s'établirent en France ; ils ne tardèrent pas à y fonder, comme en Espagne et en Allemagne, des collèges non seulement florissants où accourut toute la noblesse, mais même fameux par la haute éducation qu'ils surent y donner. Leurs brillants succès émurent la vieille Université de Paris, qui sollicita pour sa défense l'intervention du roi; il se contenta de répondre aux régents : « Faites donc comme les Jésuites; faites aussi bien qu'eux et vos élèves vous resteront fidèles. »

Sous Richelieu, la puissante émulation qui s'était éveillée dans tous les Collèges de Paris et de province porta ses fruits. Non seulement les fortes études recommencèrent à intéresser hautement les diverses classes de la société comme aux brillantes et fécondes époques du Moyen-Age et de la Renaissance, mais les solides principes de l'ordre naturel et de l'ordre surnaturel reçus dans les Collèges et les exercices littéraires et philosophiques de toutes sortes qu'on y avait longtemps pratiqués, permirent de pousser les études aux extrêmes limites qu'on pouvait atteindre. Le prince de Condé, vainqueur de la vieille infanterie espagnole aux fameuses batailles de Rocroy, de Fribourg, de Nordlingue et de Lens, voulait argumenter en latin sur la théologie avec le jeune Bossuet le jour de la soutenance de sa thèse; le prince avait vingt ans.

Les Jésuites, dans leurs Collèges, avaient formé avec Bossuet deux autres grands génies, deux génies de tout premier ordre : Corneille et Molière. La noblesse qui s'était élevée auprès d'eux reprit, et au plus haut degré, le goût des belles lettres.

Deux gentilshommes distingués, François de Malherbe et Guez de Balzac, jouèrent à cette époque dans la littérature un rôle décisif.

Le premier fit sortir la langue française de l'enfance; il la débarrassa de cette naïveté puérile qui sied mal aux choses graves, puissantes et tout à fait glorieuses; il lui fit trouver des accents mâles, énergiques, héroïques, qu'elle ne se connaissait pas.

Avec le second elle fit sa rhétorique; c'est lui qui inventa ces magnifiques périodes qui enrichissent le discours d'une façon incomparable et lui donnent une si grande majesté.

Quant à la préciosité qui régna dans les salons à cette époque et qui était partie de l'aristocratique Hôtel de Rambouillet, elle eut une influence salutaire très considérable sur la société d'alors. Que Molière sur la scène ait raillé d'elle quelques exagérations plus ou moins ridicules, il n'importe; il la garda en tout cas d'un défaut où elle aurait pu tomber en imitant aveuglément la préciosité espagnole du XVI$^{me}$ siècle si prodigue en hyperboles et en compliments.

La préciosité française nous a laissé une foule de locutions et de formules des plus usitées; elles donnent encore à notre conversation un de ses plus grands charmes.

L'exquise politesse française, toujours si respectueuse des honnêtes gens, s'éleva à cette époque à une ravissante courtoisie, et celle-ci à la plus haute distinction. C'est par l'exemple magnifique de la noblesse d'alors que la nature humaine a été traitée véritablement avec les justes égards dus à son éminente dignité. A cette heureuse époque, la France s'est souvenue de cette belle parole de l'Écriture disant de Dieu :

« *Cum magna reverentia disponit nos :* O Dieu, vous nous gouvernez avec un profond respect, une grande révérence. » Et pourquoi? Parce que nous sommes déjà par la grâce ou pouvons être ses fils, les fils du grand Roi. La politesse la plus noble, celle qui a égard aux choses surnaturelles, fut enseignée à cette époque aux enfants du peuple par un grand Educateur, tiré de la noblesse même, saint Jean-Baptiste de la Salle; son traité sur les bienséances est tout imprégné du plus pur esprit chrétien.

C'est une faute de goût, c'est même une erreur, presque un péché de ne pas proportionner le ton aux circonstances, telles les fêtes officielles d'aujourd'hui froides, compassées, toujours du même style avec des banquets aux menus puritains qui exigent des compléments; l'enthousiasme et même la gaieté d'autrefois en sont bannis. Sans un certain appareil militaire de plus en plus réduit qui y donne un cachet de grandeur et provoque un peu de fierté, les événements les plus considérables de notre histoire seraient commémorés de la façon la plus plate et la plus insignifiante.

Ce n'est pas la noblesse du grand siècle qui aurait réduit à de telles proportions des événements de cette nature. Quel magnifique cérémonial! Quelles splendides fêtes, et de jour et de nuit, bien qu'elle n'eût point alors les féeries de notre électricité! Et ces merveilleux carrousels où brillait le cheval, « la plus noble conquête que l'homme ait jamais faite! » Même les plus simples ballets de cour de cette époque laisseraient loin derrière eux comme beauté les films lumineux et sonores de nos Colisées et de nos Alhambras.

Qui n'a pas été profondément remué puis enthousiasmé au spectacle grandiose des chasses montées que nous a laissé le grand siècle? Les cors de chasse aux puissantes fanfares, aux mélodies si variées qui vont de l'alerte qui réveille à la mélancolie qui charme, de l'hallali au triomphe, ces meutes hurlantes de joie qui franchissent les halliers élevés, les ruisseaux, les fossés; les chasseurs au blanc pantalon, à la casaque rouge, à la casquette à longue visière, ces nobles amazones qui encouragent du regard, du geste, de la voix les héros de la fête, cet ensemble merveilleux dans le cadre des forêts est l'un des plus beaux spectacles que l'on puisse rêver.

Admirons ces parcs ravissants, ces splendides jardins dessinés par Le Nôtre et qui encadrent royalement, non seulement le palais de Versailles, mais tant de châteaux qui s'en sont parés!

Un esprit chagrin qui regardait Versailles pour la première fois, esprit sorti de la primaire, disait avec humeur : « Ah! voici le péché mortel de la royauté qui s'y est endettée à l'extrême et où la noblesse indépendante est venue se domestiquer! » Mais vraiment si le roi s'y est appauvri, la France n'y a-t-elle pas gagné des millions? Qui comptera ceux que lui a apportés la multitude d'étrangers venus des cinq parties du monde pour contempler les merveilles de Versailles et de la France? A notre époque de tourisme, ce fleuve d'or est-il sur le point de tarir? Et qui donc va voir Berlin ou même Londres? Ces goinfres de Saxons ne savent faire que des cols de marins et des casques pointus pour opprimer le monde.

Quant à la noblesse, elle avait bien vu que les velléités plus ou moins grandes d'indiscipline ou de révolte qu'avaient eues quelques-uns de ses membres ne lui avaient point rapporté des avantages appréciables ; aussi, intelligente comme elle l'était, enterra-t-elle la dernière de ses guerres civiles, la Fronde, non point avec des larmes, mais avec des chansons ! L'union bienfaisante s'était réalisée au grand bénéfice de la France. La noblesse finalement donna, au siècle de Louis XIV, une partie de sa splendeur ; la cour devint longtemps l'arbitre suprême du bon goût dans l'Europe entière.

*<br>**

Pour ce qui est de la Religion et des missions, saint Vincent de Paul trouva dans la noblesse son principal appui quand il entreprit avec M. Olier et le cardinal de Bérulle la magnifique restauration de l'esprit de dévotion et de charité.

Et que de fondations pieuses le monde entier doit au grand siècle, tout particulièrement à la noblesse, surtout au point de vue de l'instruction chrétienne ! Souvent elle en prit la féconde initiative, et toujours elle soutint généreusement ces belles œuvres de ses deniers.

La connaissance de la religion, la solide instruction chrétienne redevint à cette époque dans toutes les classes de la société ce qu'elle avait été au Moyen-Age ; plus que jamais on s'occupa de vie spirituelle. Le clergé était savant et nombreux ; beaucoup de personnes, tant dans la noblesse que dans la bourgeoisie, avaient leur directeur ; le beau livre de saint François de Sales, si véritablement français, l'*Introduction à la Vie dévote*, avait porté ses fruits. La comédie de Molière elle-même nous révèle un petit trait de l'époque :

Laurent, serrez ma haire avec ma discipline.

Les fruits de ce travail intérieur ont été magnifiques et surabondants ; aussi montrait-on du doigt le peu de Tartufes et de libertins qui, plus d'une fois, terminaient leur vie par une pénitence éclatante, tels de Rancé et Quériolet.

Quant aux désordres du jansénisme auxquels se mêlèrent quelques membres trop zélés de la noblesse de robe, ils ont été une exagération de ce sentiment de la crainte de Dieu, chrétien et salutaire, vrai commencement de la divine sagesse, mais qui avait dégénéré en une funeste et stupide peur de Dieu.

La noblesse, qui durant douze siècles s'était constamment signalée par sa bravoure sur les champs de bataille dans les combats corps à corps, perdit-elle alors son rang lorsque, par l'adoption des armes à feu, la guerre devint plus savante ? Gardons-nous de le penser.

*****
******

Quels généraux que Condé et Turenne ! L'un, génie foudroyant qui de son regard d'aigle voit à l'instant une bataille gagnée, une bataille perdue ; l'autre, le talent patient et bon qui calcule tout longuement, ne laissant rien au hasard et, si possible, à la mort. Puis leurs élèves : celui de Condé, le maréchal de Luxembourg, le tapissier de Notre-Dame ; celui de Turenne, Nicolas de Catinat, le Père la Pensée, qui les remplacèrent glorieusement à la tête des armées ; enfin ces petits nobles de seize ans, à peine sortis de l'enfance, qui après de solides études dans les collèges des Jésuites achetaient une lieutenance dans un régiment, s'élevaient rapidement de grade en grade et mouraient d'une manière héroïque, jeunes colonéls au service du roi.

D'un autre côté, commandée par Duquesne et Tourville, la marine royale tint tête à l'Angleterre et humilia les farouches Barbaresques. La noblesse, surtout celle du Midi, embarquait sur les vaisseaux de la religion et prenait du service parmi les chevaliers de Malte.

Les traditions de capacité et de vaillance se transmirent de telle sorte dans les armées de terre et de mer sous les règnes de Louis XV et de Louis XVI que le roi de Prusse, Frédéric II, disait un jour : « Si j'étais roi de France, il ne se tirerait pas un coup de canon en Europe sans ma permission. »

Ce fut en 1745, à la fameuse bataille de Fontenoy, que le corps magnifique de la noblesse française brilla du plus vif mais aussi de son dernier éclat. Maurice de Saxe vit avancer sur le champ du combat une épaisse colonne d'ennemis qui renversait et broyait tout sur son passage. Tel fut le péril que le maréchal supplia le roi de se mettre à couvert en repassant l'Escaut.

A ce moment, le duc de Richelieu avise les quatre canons qu'on avait gardés en vue de protéger la retraite du roi ; il demande au maréchal de les faire avancer sur le front de la colonne. Toute la noblesse, l'épée à la main, s'était massée derrière les canons prête à s'élancer dans la trouée. Les bronzes tonnent. Des milliers d'officiers chamarrés de rubans, de galons, couverts de plaques d'or et de croix d'honneur se précipitent dans les brèches. Frappant d'estoc et de taille avec toute la furie française, ils mettent promptement en fuite les ennemis et restent maîtres du champ de bataille.

Mais elle payera cher, notre illustre noblesse, la gloire éclatante de Fontenoy !

N'attribuons nullement à l'impéritie des chefs et au défaut de vaillance ou de discipline de nos troupes les revers funestes de la guerre de Sept-Ans ; ils amenèrent la perte lamentable de nos riches colonies du Canada et des Indes. Ne l'attribuons pas davantage, comme le font un certain nombre d'historiens, à l'inertie et à la mollesse de Louis XV privé de ressources en argent et en hommes par la révolte du Parlement, plus coupable qu'insensée.

Le livre suivant qui traitera des injustes malheurs de notre glorieuse noblesse, nous donnera la clef des événements qui ont précédé la grande révolution, pour la préparer d'assez longue date, qui l'ont accompagnée en vue de ruiner complètement notre pays, enfin qui l'ont suivie et s'accomplissent même sous nos yeux, pour faire de notre patrie la vassale, l'esclave de l'Angleterre. On se demande si cette nation insolente n'est point cette malheureuse qui doit venir à la fin des temps établir son empire sur les eaux et corrompre par son argent les peuples et les rois de la terre.

« Oh ! diront ceux qui n'ayant nullement étudié cette grave question historique ne soupçonnent absolument rien, voilà du tout à fait nouveau, de l'incroyable presque ! »

Il y a quelques années, deux illustres Polonais, M. et Mme Curie, découvrirent un corps étrange dont les propriétés renversaient une bonne partie des théories scientifiques échafaudées depuis longtemps sur la matière par les physiciens : il s'agit du *radium*. Que firent les savants ? S'opiniâtrèrent-ils à lutter contre des faits qui s'opposaient aux idées reçues jusqu'à ce jour par presque tout le monde ? Repoussèrent-ils le nouveau venu parce qu'il démolissait les opinions régnantes ? Nullement ; malgré l'étrangeté des nouvelles assertions, on fit les constatations scientifiques nécessaires, puis la vérité reconnue on abandonna d'anciennes théories déclarées fausses.

Qu'en doit-il être de l'histoire ?

A-t-on jusqu'à présent entendu parler d'une Chambre des Lords anglaise comme d'une corporation vraiment criminelle, extrêmement criminelle, coupable même des plus grands forfaits commis depuis plus de cent ans ?... On dira : « C'est la première fois. » Est-ce un radium historique, cette fois néfaste, dont la découverte renversera complètement bien des opinions régnantes, surtout chez des personnes qui peut-être lui étaient sympathiques ? Il y en a peu tout de même ; cette corporation fermée s'est toujours fait remarquer autant par son froid égoïsme assez proche du dédain, que par son impeccable correction extérieure, dans laquelle nous, Français, nous croyons voir, les partis démocratiques surtout, une orgueilleuse exagération.

En tout cas bien que notre assertion puisse paraître étrange à plusieurs, qu'on se garde de la rejeter *a priori;* qu'on examine avec soin, selon les règles de la critique, cette grave accusation, de façon qu'on en ait le cœur net.

Cette partie de l'ouvrage n'en sera pas la moins intéressante. On a dit avec raison : « L'histoire est un flambeau que le passé met dans la main du présent pour en éclairer l'avenir. »

Connaissant la cause principale, sinon unique, de notre mal, il ne tiendra qu'à nous de n'en plus être les infortunées victimes.

Nous composerions un ouvrage trop volumineux qui courrait le risque de décourager plus d'un lecteur, si nous donnions aux faits énoncés tous les développements désirables, même si nous disions tout ce que nous savons. N'oublions pas la sage observation de Boileau :

**Qui ne sait se borner ne sut jamais écrire.**

*(Art Poétique,* chant I").

# DEUXIÈME PARTIE

## Les injustes Malheurs de la Noblesse française

---

## INTRODUCTION

Qui a contemplé les grandeurs insignes, incomparables de la Noblesse française, jouant dans notre patrie un rôle immense de tout premier plan pendant une durée de quatorze siècles, les plus grands, les plus beaux, les plus heureux de notre histoire, et jette ensuite les yeux sur notre France actuelle, cherchant de tous côtés les fils des preux, est douloureusement frappé de ne les voir presque nulle part.

Que sont devenues ces familles tant vantées et si puissantes, plus royales sans exagérer quant à leur nature généreuse et forte que les rois même des autres nations ?

En France le catholique a souvent l'excès de ses grandes qualités. Il ne lui suffira pas de déclarer ses fautes dans le tribunal de la pénitence au ministre de Dieu chargé de l'absoudre, il faudra qu'il les confesse à la face de l'univers entier dans les colonnes de certains journaux qui racontent par le menu le mal qui se produit en France. Ah! les autres nations, les protestantes surtout, ne sont pas aussi expansives et, disons-le, aussi naïves; elles se gardent soigneusement de révéler les misères qui les souillent; on n'y fait aucune allusion dans les journaux.

Bien plus, le catholique français qui souvent connaît peu son histoire, l'histoire particulièrement attachante d'un peuple béni de Dieu, *Gesta Dei per Francos*, le catholique français accuse du grand malheur qui a pesé sur notre patrie depuis plus d'un siècle les prétendues fautes de ses compatriotes de l'ancien Régime, des religieux, des nobles surtout.

Il ne voit pas à côté, dans son honnêteté extrême, il ne supposera même pas la cruelle jalousie des nations fainéantes qui en veulent à son bonheur. Il n'imaginera jamais, le croira-t-il même après démonstration absolument mathématique? que cette jalousie, doublée de haine et de colère, est la vraie cause, la cause unique de nos abaissements et de toutes nos ruines. Ah! voilà du nouveau!... on le constatera, du vrai!

Ne soyons injustes envers personne, mais soyons-le encore moins envers nos héros. Même, s'il y avait quelqu'un à excuser d'avoir failli, ce devraient être nos plus illustres bienfaiteurs; mais de quelle excuse ont besoin les plus nobles actions qu'ils ont si longtemps réalisées et que nous nous sommes efforcés de rappeler ou de faire connaître à tant de nos compatriotes qui tout à fait les ignoraient?

Nous le redisons, nous l'affirmons bien haut : le prétendu abaissement actuel de notre glorieuse noblesse, son appauvrissement en biens terrestres, la privation de son antique et bienfaisante influence sociale sont le fait, non de ses défaillances et de ses fautes, mais seulement, nous allons le démontrer jusqu'à l'évidence, de la criminelle jalousie d'une autre aristocratie, nous ne l'appellerons point *noblesse*. Ses perfides machinations, ininterrompues durant cent-vingt ans, ont réduit notre noblesse à cet état qui est hautement, vivement à déplorer pour la France, dont elle était autrefois avec la Religion la plus grande gloire, le plus ferme soutien. Notre noblesse n'a péché, nous le prouverons, que par excès de vertu ; aussi Dieu lui a-t-Il fait conquérir, comme à la Pucelle, la palme du martyre qui dépasse tout.

Elle est tombée victime de la plus infâme trahison ; sa chute a été longuement calculée par l'ennemi, savamment amenée et perpétrée pendant soixante ans, enfin lâchement accomplie en 89 par ceux qui y avaient intérêt, aidés de l'écume de toutes nos provinces.

Heureusement cette chute n'a pas été consommée ; notre chère noblesse se relèvera et sans tarder, Dieu le veut ! Il en a mis tous les moyens en son pouvoir. Déjà il est temps qu'elle se lève.

Etudions ce problème, un des plus intéressants, des plus passionnants même, des plus transcendants de notre histoire, un des plus pressants aussi à élucider pour notre salut. En effet, en ce moment, sans qu'elle s'en doute, la France court un des plus grands dangers ; l'ennemi n'est pas seulement aux portes, il est dans la place, il est même au pouvoir. L'œuvre de notre grande Jeanne d'Arc, de la Sainte de la Patrie, est-elle, non pas menacée, mais sur le point d'être détruite ? Ce livre l'apprendra par les curieux détails qu'il va donner.

Etudions, nous y sommes arrivés, le fait historique de la grande révolution, qui a violemment éloigné notre noblesse du rôle magnifique qu'elle doit jouer, pour le bien, pour le salut de la France, qui l'a écartée de la fonction sublime qu'elle a à remplir, vigie incorruptible et intelligente pour veiller sur les menées de nos ennemis, les déjouer habilement, représenter glorieusement notre pays dans les ambassades, lui assurer de puissantes amitiés, en un mot le remettre à la tête des nations. C'est le plan de Dieu annoncé par plusieurs de ses Saints.

Aide-toi et le Ciel t'aidera. D'abord, connaissons bien la situation.

# CHAPITRE I

## Le grand Problème de la Révolution française, un des plus graves de toute l'Histoire

Les historiens sérieux qui veulent étudier le très grave problème de la Révolution française ne se contentent pas des savants renseignements fournis par les manuels scolaires édités depuis cinquante ans ; qui sait du reste combien certains de ces livres ineptes ont été payés par les fonds secrets ? Ces fables, agrémentées d'un lyrisme tout primaire, ne sont faites que pour se moquer cyniquement d'un peuple honnête mais sans défiance, intelligent sans doute, mais sans grande critique. Toute cette littérature est fabriquée pour induire en erreur ; c'est inventé ou grossièrement travesti pour une mauvaise cause, la ruine de la France.

En l'absence de documents tout à fait propres à les éclairer immédiatement et directement sur ceux qui montèrent cette machine infernale dont les violentes secousses ont ébranlé et ébranlent encore le monde, les historiens sont forcés de reconnaître d'abord, ensuite de déclarer à qui veut les entendre, que la Révolution française est une véritable énigme.

Qu'était en effet ce clergé français qu'on a cru profondément relâché? Qu'était cette noblesse qu'on a prétendu corrompue jusqu'à la pourriture? Qu'était enfin ce peuple, ce fameux tiers-état, que l'on a déclaré avoir l'ambition d'être tout?

Le clergé français qui, d'après Taine, comptait alors 120.000 membres, était gouverné par 140 Evêques, titulaires ou coadjuteurs de 135 évêchés ou archevêchés, très inégaux et différemment rentés. Pour les obliger à jurer la Constitution civile du clergé, on les menaça d'exil, de déportation ou de mort. Bien différents des évêques anglais qui, sauf deux, sous Henri VIII apostasièrent tous, ces Prélats français orthodoxes et magnanimes résistèrent au nombre de 134 et préférèrent le martyre. Etait-ce du relâchement? Ils furent suivis de la masse du clergé. Les quelques milliers d'intrus qui succombèrent momentanément firent, pour la plupart, leur soumission à l'Eglise aussitôt que la paix fut revenue. D'autre part, toutes les religieuses se montrèrent héroïques; beaucoup gravirent les degrés de l'échafaud.

Voit-on en 93 sur les 140.000 nobles, dont le nombre est encore indiqué par Taine, des milliers d'entre eux passer à l'ennemi et se transformer en égorgeurs? Combien y en a-t-il avec Saint-Huruge et Philippe-Egalité? Peut-être quelques centaines, comme Mirabeau, ruinés par l'inconduite. Si les nobles en France eussent été corrompus comme les hobereaux allemands du temps de Luther, ils se seraient jetés sur les biens de l'Eglise mis au pillage en 93. Les nobles ont émigré, beaucoup dans le dénûment, ou sont allés aussi héroïquement que le clergé à l'échafaud. Ceux de Vendée et de Bretagne, forcés par les catholiques populations de l'Ouest de se mettre à leur tête afin de défendre leur foi et leur roi, se sont immortalisés par des combats vraiment épiques.

Examinons maintenant ce qu'était notre peuple, le peuple français, au moment de la Révolution. Un tiers des terres lui appartenait en propre ; il en gardait tous les fruits. Sur les deux autres tiers, il était non pas métayer, mais fermier. — Eh ! dira-t-on, *n'est-ce pas la même chose ?* — Pas tout à fait. Le mot *métayer* est de la même famille que le mot *moitié ;* le métayer est un tenancier qui au moment de la récolte doit donner au propriétaire exactement la moitié de tout ce qu'il a recueilli, par exemple cinquante gerbes sur cent, tandis que le fermier remettra seulement ce qui a été convenu avec son propriétaire. Avant la révolution, les fermiers des nobles donnaient le septième de la récolte, c'est-à-dire quatorze gerbes sur cent ; ceux des ecclésiastiques un peu moins, la dîme ; le fermier du clergé gardait pour lui quatre-vingt dix gerbes sur cent. L'enthousiasme ne fut pas très grand quand les dîmes furent abolies, et il tomba jusqu'à zéro quand les bourgeois tricolores qui achetèrent à bas prix ces biens de l'Eglise y établirent le métayage. Qui ne connaît ce refrain de nos vieilles campagnes :

**Il fait bon vivre sous la crosse ?**

Du reste, par principe, l'Eglise catholique, dans ses recouvrements, use de pitié. Ses ministres de divers ordres s'entendent médiocrement, pour la plupart, aux affaires matérielles ; combien de fois on les exploite! Au lieu d'exiger âprement leur dû, que de transactions désavantageuses ils consentent! Les gens d'affaires pourraient renseigner à cet égard.

Revenons à notre sujet, examinons ce qu'était le peuple français avant la grande révolution.

Dans les villes existaient les puissantes Corporations de métiers. Ces Corporations, on en a beaucoup médit, non pas cependant, et c'est vraiment étonnant, dans nos vieilles familles populaires ; elles n'y ont laissé nulle part aucun fâcheux souvenir, mais dans certains petits livres laïques écrits dans le but de ruiner, pour l'avantage de l'étranger, notre magnifique industrie française. Ces puissantes Corporations, avec leurs Caisses de secours mutuels, garantissaient leurs ouvriers contre le chômage, payaient quand ils étaient malades remèdes et médecins, assistaient leurs veuves et adoptaient leurs orphelins.

Heureusement la révolution vint mettre un terme à ces abus en confisquant ces maisons qui appartenaient à la Corporation et où elle logeait ses veuves et ses orphelins ; elle délivra ainsi de l'oppression où on les tenait tous ces pauvres gens! elle leur donna alors la liberté sur toute la ligne, y compris celle de crever de faim et de froid. Tout de même, après avoir goûté de cette fameuse sauce de la complète liberté, les ouvriers d'alors assez vite s'en rassasièrent et ils redemandèrent à cor et à cris leurs vieilles Corporations de métiers qui auparavant les assistaient. Mais la cruelle révolution avait légiféré amplement sur cet article et sur tant d'autres. Sur la proposition du franc-maçon Chapelier, le 14 juin 1791, elle fit aux ouvriers « défense absolue de s'associer pour leurs prétendus intérêts », et cela sous peine de prison !... Cette loi Chapelier a subsisté jusqu'en 1884, presque cent ans ; alors, de mauvaise grâce, la troisième république a permis cette contrefaçon des Corporations qu'on nomme les syndicats actuels. Devenus presque aussitôt des machines de guerre, ils ont manié à tort et à travers l'arme quelquefois efficace mais toujours dangereuse de la grève. Quand donc à ce sujet fera-t-on quelque chose de bon ? Quand est-ce que patrons et ouvriers, qui n'ont d'intérêt qu'à s'entendre comme autrefois, nullement à se faire la guerre, pourront-ils s'occuper tranquillement de leurs affaires, les régler sagement eux-mêmes sans que les politiciens ignorants aillent y mettre leur vilain nez ?

Voilà, chiffres en mains et renseignements absolument précis puisés à la source, ce que constatent nos historiens sérieux à la suite d'Hippolyte Taine, toujours indépendant et impartial ; voilà l'état des personnes et des choses dans les temps qui ont précédé la terrible catastrophe de la révolution. Plus les historiens français et étrangers examinent par eux-mêmes les choses et les situations, moins ils croient que ce sont les abus qui ont amené cette terrible crise. La légende des abus, elle finira bientôt devant les investigations des savants ; ils travaillent de plus en plus à reconstituer la fidèle image du passé, à l'aide des innombrables documents que la Révolution n'a pas su détruire. La fable inepte des abus, elle est dans la bouche des primaires, incapables, faute d'études et de critique, d'examiner les choses par eux-mêmes ! Une personne cultivée et sérieuse ne mettrait pas ce mot en avant sans avoir étudié soigneusement et même approfondi la très grave question de la Révolution française.

***

Ce dont il faudra absolument convenir après cette étude rendue de plus en plus facile, c'est que les abus d'autrefois, si abus il y avait, ne sont rien à côté des abus énormes d'aujourd'hui. Les réflexions pas très longues et les comparaisons que nous allons faire les démontreront même intolérables et, qui sait, peut-être quelques-uns vraiment monstrueux. Les gens instruits s'en sont déjà rendu compte, eux qui en sont les tristes victimes : ils ne les supportent que parce qu'il ne nous est pas permis à nous, catholiques, d'employer tous les moyens dont se servent nos adversaires : le poignard, le révolver, le poison. On va le voir, ces abus monstrueux, ainsi devons-nous les qualifier, sont sans exagérer mille fois plus grands que tous ceux qui auraient pu exister à la veille de la révolution. Prenons quelques exemples, tout d'abord celui de l'école publique.

Les écoles de toutes sortes n'ont jamais manqué en France, sauf précisément pendant la grande révolution qui prétendait faire mieux qu'auparavant. Les fameux décrets de la Convention, si répétés qu'ils fussent, n'aboutissaient pas à ressusciter les Collèges et les établissements des villes et des campagnes que les coupables idéologues de la Constituante avaient détruits par milliers. Le rapport du ministre Portalis au premier Consul fait un tableau lamentable de ce qu'était l'instruction à la chute du Directoire. Etonnons-nous que nos pauvres soldats, élevés à cette triste époque, aient montré pendant les guerres de l'Empire en Allemagne, en Italie, en Espagne surtout, une férocité qui nous a aliéné pour longtemps la sympathie et l'affection de ces populations. On pourrait citer des exemples appris dans les deux péninsules. Jetons un voile sur ces déplorables choses causées finalement par la ruine criminelle des écoles.

Avant 89, un père de famille parisien, breton, alsacien, français en un mot, ne payait pas un sou pour un budget de l'Instruction Publique qui alors n'existait pas ; et tout de même, les faits et les chiffres le montrent, on était généralement mieux et plus instruit qu'en 1930. Comment donc se passaient les choses ? Ce serait intéressant de le savoir.

Si un père de famille voulait faire élever son fils ou sa fille dans une école sérieuse où on leur enseignât comme il faut, avec les sciences et les arts, cette morale qui empêche dans les nations intelligentes une infinité de crimes et de sottises, s'il tenait qu'au lieu de leur seriner des blagues sur Danton ou Barra on leur apprît à bien respecter leur père et leur mère, à ne jamais se moquer d'eux et encore plus à les aimer tendrement, à leur payer, afin d'être justes à leur égard, une dette sacrée, tout l'argent péniblement gagné et dépensé pour leur nourriture et leur éducation, enfin à rendre leurs parents aussi heureux que possible, Dieu y obligeant tous les hommes, ce père de famille avait toute liberté de dépenser son argent en payant directement le professeur de son choix, celui de cette école excellente qui lui offrait des garanties sérieuses et qu'il pouvait surveiller efficacement, le payant lui-même.

Aujourd'hui on lui arrache cet argent des mains par les impôts directs ou indirects. Avec cet argent on fait des écoles et on paye des éducateurs, un bon nombre ineptes, qui confondent avec l'instruction civique la simple morale naturelle, ainsi que l'ont déclaré des Inspecteurs. Ces écoles, construites et payées avec l'argent des contributions, c'est-à-dire avec celui que donne par force l'ouvrier, sont déclarées avec audace tout à fait gratuites. Qui le croira s'il réfléchit un peu? Pour faire concurrence aux écoles libres, il y a des écoles communales où l'on fait dîner et goûter les enfants; avec quel argent? Evidemment encore avec celui de leurs parents qui n'ont pas besoin que d'autres qui n'ont rien à y voir s'emparent de ce soin, leur tirent l'argent pour cet effet et en gardent une partie pour se payer; la maman le ferait tout aussi bien et mieux. Dans une ville du Midi, pas plus tard que l'année dernière, une bambine chérie de sa maîtresse laïque a reçu d'elle la bagatelle de sept costumes; ses bons parents ont pu en vendre cinq. Dans plusieurs de ces écoles on perd un temps précieux simplement à lire; cela coûte peu comme travail, cette lecture est une sorte de fainéantise ; les spécialités importantes, mathématiques, dessin soigné qui développe le goût artistique, sont négligées, cela coûte aux maîtres et aux élèves. En revanche l'analyse grammaticale y a fait des progrès énormes ; c'est on ne peut plus malin en effet de distinguer, comme on le fait aujourd'hui, un complément de personne et un complément de chose dans des phrases de ce type : « je vois un caillou », « je vois mon cousin ». Le vieux Larousse avec ses divers compléments qui initiaient aux cas du latin, tout simplement était un arriéré ; l'analyse d'aujourd'hui développe énormément l'esprit comme on le voit.

Etait-on forcé autrefois d'envoyer dans ces piètres écoles ? Y avait-il cet abus avant 89 ? Loin de là, jamais de la vie. « Envoie ton fils où tu voudras ; garde ton argent pour cela ; aujourd'hui on te le subtilise par les impôts indirects. Tu es assez grand pour faire tes affaires et tu es assez intelligent pour choisir le professeur de ton fils pour qu'on ne te roule pas. Au besoin consulte tes amis. » Auparavant c'était la liberté, la liberté complète ; aujourd'hui c'est une obligation forcée dans la plupart des endroits où il n'y a que la laïque ; n'est-ce pas une sorte d'esclavage et tout cela payé avec notre argent, un argent péniblement, ennuyeusement gagné ? Ensuite on a l'audace d'appeler ces établissements des écoles gratuites ; on croit que les gens n'y voient goutte, on nous prend pour de vrais sots à qui on fait tout avaler.

Sur ce point et sur d'autres, nos compatriotes Alsaciens-Lorrains ne se sont pas laissé leurrer.

Lors du malaise de ces provinces discuté à la Chambre, ils auraient pu répondre au grossier sophisme de Poincaré, qu'en logique on appelle de *l'orateur*, et qui consiste à sortir de la question, de la question qui gêne : « Eh! que m'importe à moi, paysan, tout ton réseau de chemins de fer dont je ne me servirai pas, ni non plus ton fameux port de Strasbourg que je ne me soucie pas d'aller voir! Que m'importe tout cela si ta laïque tourne la tête à mon fils, lui donne un mauvais cœur, même un cœur pervers avec lequel il m'accablera de chagrin, me fera vite vieillir, et peut-être mourir plus tôt; j'écarte l'idée affreuse du parricide, l'idée qu'il tuera son père ou sa mère comme cela n'est pas rare aujourd'hui, qu'il aille malheureusement périr sur l'échafaud ou finir à Cayenne! » Et les 500 esprits supérieurs de la Chambre qui n'ont pas vu cette chose si simple, qui ont applaudi à tout rompre ce pur sophisme de l'orateur qu'indiquent les simples manuels de philosophie! Oui, chaque Français peut dire : « Après tout, avec mon argent, je n'ai pas l'instituteur que je veux, celui qui élèverait mon fils comme il faut. » Si avec votre argent on fait de votre enfant un être peu moral, immoral même, sans affection pour son père et sa mère, un communiste fou et cruel disposé à de grands forfaits afin de réaliser ses criminelles utopies, est-ce là un abus? un abus d'aujourd'hui, un petit abus?

Encore un autre. Sous nos vieux rois, pas à payer pour les hôpitaux et moins encore pour les fonctionnaires qui y sont nichés, n'y font rien de sérieux et s'y engraissent dans leurs administrations déficitaires. « Je garde mon argent, disait-on, pour m'acheter de bons remèdes alors que je serai malade et resterai tranquillement chez moi ; je m'y soignerai comme il faut au lieu d'aller à l'hôpital. Je n'aurai pas trop d'argent pour cela. » Voilà quel était le langage du bon sens ; charité bien ordonnée commence par soi-même et donne ensuite s'il en reste. On n'est jamais mieux servi que par soi.

Aujourd'hui, paye pour l'Assistance publique ; donne ici encore de l'argent de gré ou de force, travailleur qui te prives un peu pour économiser ; nourris de paresseux fonctionnaires. Tu passes un instant au cinéma ; donnes-y ton argent. Il servira à soigner pas mal de socialistes, maintenant fourbus, qui ont fait la noce à tes dépens. Ton argent versé là te manquant ensuite, entre si tu peux à cet hôpital ; tu y seras à peu près soigné, avec ton argent bien sûr, s'il en reste encore pour t'acheter un misérable jus de viande, quand des administrateurs sans entrailles et bien rentés auront passé par là....

Voilà un autre abus. Existait-il autrefois ? Allons donc, on aurait eu honte de s'engraisser aux dépens des pauvres.

Mais le terrible abus de la guerre dépasse tout ce qu'on pourra jamais imaginer. Quand est-ce que les rois ont en France obligé les gens à aller se faire éventrer par les obus ou casser la figure à la guerre? Jamais de la vie, avant 89. « Si tu as l'esprit aventureux et que tu veuilles te battre, on te payera bien ; vas-y. Si tu n'en as pas envie, reste chez toi ; personne n'y trouvera rien à dire. Occupe-toi de tes affaires et gagne de l'argent ; élève une nombreuse famille pour peupler la France et la rendre prospère, tout le monde trouvera que tu fais bien. A la guerre, on fera sans toi. » Voilà le langage des rois. Et on faisait si parfaitement les choses avec nos volontaires racolés dans tout le pays par des capitaines de recrutement, que le grand Frédéric au temps de Louis XV disait, on s'en souvient : « Si j'étais roi de France, il ne se tirerait pas un coup de canon en Europe sans ma permission ! »

Regardons nos affaires d'hier... de demain !

« Tous les Français valides de dix-huit à quarante-huit ans, allez vous faire casser la figure ou asphyxier par les Allemands sur les champs de bataille ou dans les tranchées. Beaux jeunes gens, la plus belle jeunesse du monde, qui commenciez à aider de respectables, d'honorables parents qui vieillissent, partez ! Pères de famille, sérieux et bons, vos petits enfants ont bien besoin de vous, partez ! Si vous faisiez mine de déserter ou de fuir ce champ de carnage d'où la plupart vous ne reviendrez pas, des gendarmes français sont là sur vos talons, le révolver au poing, et vous feront sauter la cervelle ! — Il y en aura un million cinq cent mille qui y mourront cruellement et deux cent cinquante mille, intoxiqués ou blessés, qui ne vivront pas dix ans de plus ! C'était hier ; c'est aujourd'hui l'horrible actualité.

Mais qui diable a changé les choses de cette façon? Quel est ce fou qui a fait de tous les Français de la chair à canon? Qui a commis cet abus monstrueux? Y en a-t-il un pareil? Y en a-t-il un qui lui soit égal? Le consortium Lavisse, Aulard et C$^{ie}$, prolixes dans leurs vertueux écrits sur tant de ministres, se gardent bien de le dire. Tandis qu'ils bavent sur la monarchie absolue qui, ma foi, n'était pas si absolue que cela, ils cachent les erreurs et les folies énormes de nos trois républiques infiniment plus absolues, de nos républiques sottes et tyranniques, tueuses de gens.

Eh oui! c'est sous la première république, en 1799, et par les ordres de Jourdan, ministre de la Guerre, que tout Français est devenu de la chair à canon; et pourquoi cette monstruosité qui a tant duré? Pour soutenir les quatre petites républiques établies par les gens du Directoire. Mais comment Jourdan ne s'est-il pas aperçu que les nations voisines allaient aussi armer tous leurs hommes pour nous tenir tête et que le fléau, l'horrible fléau de la guerre allait prendre les proportions infinies que nous lui avons vues en 1914! Ce Jourdan savait-il bien ce que c'est que gouverner un pays?

Et dire que les vils ossements de cet insensé, de ce malfaiteur, — en a-t-il fait du mal! — sont encore aujourd'hui à la chapelle des Invalides, le grand reliquaire national, à côté des restes vénérés de Turenne et de Foch!... Que ne les jette-t-on au cimetière commun, c'était un franc-maçon, et même dans un cloaque, comme on a fait pour ceux de Rousseau et de Voltaire arrachés du Panthéon en 1814! Ne serait-ce pas un acte de justice?

Que de malheurs, que de deuils pour la France d'abord qui, par ses deux sottes républiques de 93 et de 1871 a, la première de toutes les nations, adopté cette tactique monstrueuse. Oui, la république en France, c'est la folie. Etonnons-nous que les hommes d'esprit des autres pays qui, par ailleurs, nous admirent, nous trouvent trop peu instruits de ces matières excessivement graves, par lesquelles nous avons causé de si grands maux au monde entier. Faisons le *mea culpa* sans doute, mais établissons au timon du pouvoir ceux qui feront cesser cette monstruosité, ceux qui en finiront tout de suite, par de sages alliances avec des peuples vraiment amis, avec le service militaire obligatoire. Comme avant la grande Révolution impie, cruelle, insensée! Voilà un devoir.

Vraiment, qui était sage des anciens Romains où de nous autres qui prétendons être arrivés au comble de la civilisation? Eux, pour vider la querelle avec les Albains envoient combattre les trois Horaces contre les Curiaces. Cinq hommes morts dans tout ce carnage et la paix est faite sans grever le budget. Ah! nos rois n'auraient jamais commis la folie du Directoire républicain qui, sans le sou après les gaspillages de la Révolution, faisait une guerre de brigandage pour avoir de l'argent, et cela sous prétexte de liberté. Voilà une des raisons pour lesquelles l'Italie aime tant la France! Nos souverains du xix^me siècle avaient en partie atténué ce mal en formant une armée de métier par les remplacements; les troupes des autres nations avaient aussi été réduites. Il a fallu que notre troisième république rouvre la plaie par la loi militaire de 1872, qui a renvoyé tous les Français cinq ans à la caserne, pour y devenir d'abord des fainéants s'ils ne savaient pas se défendre contre la malsaine inaction, et ensuite, comme en 1914, de la chair à canon! Et qu'aurait-il fallu faire en 1872? Qu'aurait fait le roi si les faux monarchistes de l'Assemblée nationale, francs-maçons, ne l'avaient pas rejeté? Les Allemands disaient en 70, et cette parole a été colportée jusqu'en Amérique : « Les Français sont des lions conduits par des ânes. » Il aurait fallu simplement réorganiser l'état-major, former des officiers très capables, mais ne pas armer sottement toute la nation en face d'une Allemagne plus peuplée que la France et qui n'avait pas plus d'intérêt que nous à se ruiner en armant tout son monde. Constatons-le, dans notre pays, comme partout, plus on est de gens à s'occuper d'une affaire, plus elle marche mal. Du temps de Richelieu, de Mazarin, de Colbert et de Fleury qui traitaient les choses de la nation avec quelques conseillers aussi intègres que capables, la France était la première des nations. Maintenant, avec les huit cents incapacités des deux Chambres qui nous coûtent des centaines de millions par les dépenses qu'elles nous occasionnent, nous arrivons après les Etats-Unis, l'Angleterre et même le Japon! A bas le parlementarisme! Y a-t-il des abus aujourd'hui? Les avons-nous même nommés tous? C'est maintenant avec les abus si énormes, même si monstrueux, fortement maintenus par les coupables et les insensés qui nous gouvernent, que s'expliquerait une révolution contre eux, afin de nous soustraire aux charges et surtout aux périls qui nous menacent. Pourquoi cette révolution n'éclate-t-elle pas? Les abus d'autrefois, quelques grammes de poudre, ont fait, paraît-il, l'explosion de 93, pourquoi les quintaux de dynamite d'aujourd'hui ne produisent-ils pas le même effet, et plus horrible encore?... Non, le Français laborieux, honnête, vaillant sur les champs de bataille, n'est rien moins que révolutionnaire; ce n'est pas lui qui a fait 89.

Mais prouvons abondamment, la matière l'exige, que la cause de la Révolution n'a pas été en France; nous laverons entièrement ainsi nos familles, nos glorieuses familles, de cette abominable imputation.

Qu'étaient, à la veille de la Révolution, les relations des nobles, des ouvriers et des paysans, autant dans les villes que dans les campagnes? Si elles eussent été mauvaises, pas n'était besoin de guillotine. Il y avait en tout 140.000 nobles et 19.000.000 de prolétaires; ceux-ci avaient assez d'outils, d'instruments redoutables entre les mains pour tomber sur les nobles dans la proportion de 1.000 contre 7 et n'en faire qu'une bouchée; un seul même y aurait-il échappé? Pourquoi ne l'ont-ils pas fait? C'était plus simple qu'une révolution.

Pourquoi même dans l'Ouest, l'Anjou, la Vendée et le Poitou, le fait est avéré, les peuples, par les instances les plus vives et les plus pressantes, ont-ils en quelque sorte forcé leurs gentilshommes à se mettre à leur tête pour combattre énergiquement et à outrance la révolution? Les choses donc n'allaient pas si mal.

On parle beaucoup de l'inégale répartition des impôts; quelle ineptie, toute à contre-sens!

Les nobles étaient les seuls à payer un impôt, le plus onéreux de tous, l'impôt du sang, dans les diverses armées de terre et de mer. Bourgeois, ouvriers et paysans, le peuple restait chez lui, n'allait pas s'exposer à la guerre. N'était-il pas juste qu'il en payât un peu les frais en équipant et entretenant sur les champs de bataille les volontaires, français et étrangers, qui allaient combattre avec les nobles pour lui? Oui, il était juste que ceux qui restaient occupés à leurs affaires et en train de gagner de l'or dussent verser au fisc au lieu de ceux qui ne gagnaient rien sur le front, sauf des coups, des blessures et la mort. Tous ces déclamateurs du xviii$^{me}$ siècle, sans parler de Voltaire, de Rousseau, Diderot, Beaumarchais et le reste des philosophes, savaient arranger des phrases, mais pas précisément calculer juste. Ont-ils été comme les nobles sur les champs de bataille? Pas de danger. Ils voulaient être honorés comme la noblesse et considérés, mais sans se faire tuer, ni même égratigner. Boileau, par avance, dans son bon sens aiguisé, avait dit de ces écrivains :

Il semble à ces gredins, dans leur petit cerveau
Que pour être imprimés et reliés en veau
Ils soient dans un Etat d'importantes personnes.

Oui, l'égalité des impôts directs ou indirects est une criante injustice quand le mérite est différent chez ceux qui les payent; plusieurs ont le droit absolu d'en être exemptés. Enfin examinez la liste, toute la liste des abus; n'oubliez pas le droit de chasse heureusement acquis aujourd'hui à tous, mais par un permis et moyennant finances; ajoutez-y les droits de garenne, de colombier et de girouette que nous n'utilisons guère quoiqu'ils aient été solennellement supprimés ou abolis comme privilèges, et vous constaterez que 93 n'a pas sa cause dans l'ancienne France!

« Mais, dira-t-on, la révolution a été faite par des Français. » Oui, par le rebut de la société; d'abord par des gens sans aveu et fainéants, par des francs-maçons jaloux et cruels, surtout par des avocats et des médecins qui n'ayant pas étudié étaient incapables par leur faute d'exercer la profession qui leur aurait donné du pain. Ils ont donc été payés secrètement par l'étranger qui avait un grand intérêt à tout bouleverser en France et à réduire notre puissante nation en miettes. On ne peut pas l'expliquer différemment. En effet, dix ans après on ne voit les paysans, les ouvriers et les nobles nullement divisés malgré les exécutions sanglantes; ils vivent dans une parfaite harmonie comme avant la révolution.

Du reste, déjà en 1800, de tous côtés se fondent des Congrégations charitables pour l'instruction de la jeunesse et le soin des hôpitaux. Dans tous les diocèses le clergé se recrute suffisamment. Cela aurait-il pu se produire avec des

Français gangrenés, pourris et attachés en masse
à la révolution qui fut si impie? Il y a de naïfs
historiens qui ont l'air d'attribuer ces espèces
de résurrection à un miracle; ici, il n'y en a
pas; c'était la continuation des œuvres inter-
rompues par la tourmente révolutionnaire, œuvres
accomplies par les braves gens d'autrefois qui
avaient échappé à la mort.

Concluons, 93 n'est pas sorti chez nous des
entrailles du peuple.

La Révolution a été pendant douze années
l'affreuse tyrannie de quelques centaines de
grands scélérats vendus à l'étranger mais secon-
dés par vingt mille brigands, écume de la France,
qu'étaient la plupart des fédérés. On les a déco-
rés dans les stupides écrits des Lavisse, Aulard
et Cⁱᵉ du nom de peuple français; c'en était la
lie, l'écume criminelle qui avec les filles publiques et les ivrognesses de chaque ville allaient
applaudir dans les prétoires et au pied de l'échafaud les scélératesses de la révolution.

Toute cette écume avait été réunie, ces gens
soldés et armés par les soins de cette société
secrète qui s'en est vantée, la maçonnerie (ne
profanons plus le nom de franc-maçonnerie qui
convenait et a été appliqué à la société admirable qui au Moyen-Age a élevé nos cathédrales);
la maçonnaille n'en est qu'une affreuse parodie.

La maçonnerie avait des loges dans toutes les
villes; ce nombre dépassait deux cent trente.
Or le nom même de la loge principale de la
région, nous dit Taine, fut celui que la Constituante donna à chaque département. Cet ensem-

ble frappant de la Révolution se produisit à la fois dans tout le territoire et de la même façon, les fédérés furent armés partout, non de fusils, mais de piques. En l'absence de chemins de fer, de téléphones et de télégraphes pour se consulter à l'instant, un tel ensemble ne peut être l'effet que d'une organisation complète dans laquelle tout fut concerté et ensuite exécuté au temps marqué pour produire la ruine de la France. Ce fait est affirmé par le ministre prussien Haugwitz dans un mémoire remis au Congrès de Vérone : « C'est en 1777, dit-il, que je me me chargeai de la direction des loges de Prusse, de Pologne et de Russie. J'y ai acquis la ferme conviction que tout ce qui est arrivé en France depuis 1788, la Révolution française enfin y compris l'assassinat du roi avec toutes ses horreurs, non seulement avait été décidé dans ce temps, mais que tout avait été préparé par des réunions, des instructions, des serments et des signaux qui ne laissent aucun doute *sur l'intelligence qui a tout médité et tout conduit.* »

La manière dont tout s'exécute en 93 n'est donc pas quelque chose de fortuit ni d'incohérent comme le croient les gens simples ; c'est un drame savant qui se déroule sur la scène, une sanglante tragédie où les acteurs, après avoir joué leur rôle qui leur a été payé, doivent disparaître au plus tôt sans jouir davantage du fruit de leur trahison. Pourquoi cette disparition si rapide et presque subite des Girondins et des Montagnards dans l'espace de quelques mois ? Parce qu'ils en savaient trop.

Pour avoir touché directement, ceux-là, l'argent de la trahison, ils en savaient la provenance et connaissaient parfaitement la main étrangère qui l'avait secrètement versé; ils devaient donc mourir pour emporter leur secret dans la tombe. Ce fut l'affaire de quelques mois. L'ancien ordre de choses était détruit; on n'avait plus besoin d'eux. Allez au diable, Girondins et Montagnards !

C'est ici le cas de relater un fait arrivé en 1818. Le général Quesnel qui vivait à Paris engagé dans la maçonnerie fut gagné par Louis XVIII à la cause royale. Il pensa, le naïf, qu'il convenait d'aller saluer une dernière fois ses amis de la loge pour prendre congé d'eux. Un de ses camarades de la même société travailla de toutes ses forces à le dissuader d'accomplir cette visite dangereuse; le général, extrêmement confiant, comptant que son grade en imposerait à qui que ce fût, ne voulut pas y renoncer.

Il se rendit à la loge un jeudi avec son ami. Quand la nuit fut assez avancée, le vénérable convoqua dans un endroit écarté des Carrières de Paris où se tenaient ces réunions de brigands, l'ami du général et deux autres francs-maçons; il leur communiqua l'ordre de poignarder cet officier sur le pont de la Seine qu'ils devaient traverser et de jeter ensuite le corps et les poignards dans le fleuve.

Au moment de partir en voiture avec le général, les trois criminels masqués sont invités à boire, pour se donner du cœur, un grand verre de vin blanc. L'ami du général, que le vin dérangeait, préféra une limonade qu'on lui apporta au bout d'un moment; il l'avala avec une certaine répugnance et en rejeta une partie. Montés en

voiture, ils arrivent sans trop tarder à la Seine;
le cocher franc-maçon s'arrête sur le pont; le
crime s'accomplit et les trois exécuteurs s'en
vont chez eux. Une demi-heure s'était à peine
écoulée, ils sont saisis de coliques atroces et
ceux qui avaient bu tout le vin meurent au bout
de dix minutes; pas besoin de docteur. Le troisième, qui avait rejeté une partie du poison, ne
meurt pas; mais pensant que si la loge le trouvait encore en vie le lendemain elle ne manque-
rait pas de moyens pour lui fermer la bouche
comme aux deux autres, il prend immédiatement
une voiture, sort de Paris et s'en va en Suisse.
Là il meurt six mois après des suites de l'empoisonnement, ayant écrit la relation de ce qui
s'était passé.

Etonnons-nous maintenant que les témoigna-
ges manquent ainsi que les documents probants,
pour l'époque troublée de la Révolution. La
maçonnerie, qui s'est vantée de l'avoir faite,
étant par définition une société secrète, n'a pas
d'archives à ce sujet, cela est évident. De plus,
comme le disait un savant docteur du Midi de la
France en parlant des protestants avec lesquels
il est en commerce continuel : « Ces messieurs
n'écrivent pas; toutes les communications se
font oralement, on se déplace pour cela. » Par
conséquent on doit désespérer complètement de
mettre jamais la main sur des documents qui
n'existent pas, qui n'ont jamais existé. C'est
dans la nature des choses.

Mais la véritable histoire est-elle désarmée
dans ses recherches du passé par ces lacunes
voulues? Non, mille fois non. Un juge d'instruc-

tion peut complètement manquer de toutes les pièces à conviction relatives à un forfait; on les aura intentionnellement et absolument détruites; s'il est intelligent, si c'est un homme qui veut, si c'est un vrai juge d'instruction, malgré toutes les tromperies il arrivera à découvrir la vérité, à prouver le crime. La Providence, que les incroyants appellent la justice immanente, lui aidera.

**

Cherchons la vérité, nous la trouverons malgré tout; et s'il le fallait, malgré tous, avec l'aide de Dieu.

Lamartine est presque naïf quand il explique de cette sorte comment se fait une révolution : « Quatre ou cinq hommes armés descendent dans la rue en criant à la fin d'une campagne politique... dix autres, vingt autres, cent autres se joignent à eux et marchent vers le même point en hurlant : la révolution est commencée! »

Ce n'est pas de cette manière simpliste que se monte une révolution, c'est-à-dire une attaque en règle pour démolir un gouvernement constitué, organisé, serait-il même assez faible. Les abus, c'est de la blague; les intérêts, c'est tout.

Comment s'est faite la révolution qui vient de s'accomplir en Afghanistan, pays qui est de vingt mille kilomètres carrés plus grand que la France?

Le roi Amanoullah avec sa Minerve était venu en Europe pour s'instruire, comme Télémaque, dans l'art de régner. Ceux qui l'ont vu en nature ou en peinture se sont dit : « Voilà un roi qui n'a pas l'air d'avoir froid aux yeux. » C'était un homme décidé.

Le roi et la reine ont visité les grands Etats de l'Europe. Accueillis avec la simple politesse protocolaire dans certaines nations, ailleurs avec amitié, et avec un très grand intérêt à Moscou, dans la Russie des Soviets. Ceux-ci n'ignorent nullement la géographie, ils savent que l'Afghanistan est sur leur chemin pour aller révolutionner les Indes ; aussi la reine y a reçu en cadeau une superbe cape de zibeline qui ne vaut pas moins d'un million.

Amanoullah, sur l'inspiration sans doute de son épouse, au lieu d'opter pour l'Angleterre qui ne lui offrait que des paroles creuses, a fait amitié avec la Russie.

Peu de temps après son retour, un simple porteur d'eau excite une révolte ; à peine quelques jours et il a des armes dernier modèle, des munitions et des provisions pour tenir la campagne, vaincre Amanoullah et le chasser du pays. Qui a passé à ce porteur d'eau tout le matériel ? Qui lui a donné l'argent pour décider ses partisans au petit risque de se faire casser la figure et mettre en fuite une famille royale pas trop détestée du pays ? Qui a payé ensuite un rival pour jeter à bas ce porteur d'eau et lui fermer la bouche ? car enfin la guerre ne se fait pas sans argent ; l'argent même n'est-il pas, aujourd'hui comme toujours, le nerf de la guerre ?

Qui ne le voit ce prêteur, cet excitateur, ce gouvernement grandement intéressé à tout ce désordre en Afghanistan, pays tout voisin des

Indes? Là pourront même se réfugier en auto, en avion, pédestrement les Anglais perdus dans l'Hindoustan au cas où Ghandi ou tout autre soulèverait contre eux l'immense péninsule.

Evidemment c'est l'Angleterre, la nation qui ne perd nullement la tête, même dans les grandes, les plus grandes tourmentes, l'Angleterre dont la diplomatie est la première du monde; c'est elle qui a organisé ce solide tampon entre les Indes et la Russie. Naturellement, et ici on voit clairement son jeu, elle s'est empressée de reconnaître, toute la première, le Nadir-Khan comme roi du pays.

Du reste, une des grandes, la plus grande préoccupation de l'Anglais, c'est de placer l'argent de ses milords afin que sans cesse il rapporte. Après avoir terrassé Napoléon, — et les Espagnols y avaient été pour beaucoup lui tuant ses meilleures troupes, — la grande victorieuse, l'Angleterre, pour témoigner sa reconnaissance à l'Espagne, s'empresse de lui faire un petit affront suivi peu de temps après d'un immense dommage. Elle exclut son ambassadeur des discussions du traité de Vienne en 1815, puis au premier mouvement des colonies espagnoles pour conquérir l'indépendance, l'Angleterre envoie ses vaisseaux à Buenos-Aires afin de s'en emparer. Ecartés de cette belle proie par la résistance des créoles, les Anglais se rembarquent, mais leurs capitaux, l'argent des milords, ne doit pas rester improductif; il est offert aux jeunes nations qui l'empruntent pour se soutenir. Dans l'histoire de chacune d'elles, on cite avec faveur l'époque de la libération ou du remboursement.

Nous croyons avoir suffisamment établi le rôle
de l'argent, sa nécessité absolue en quantité respectable dans toute révolution. Il en faut d'abord
pour payer les chefs avoués de l'entreprise; un
coup de tête, de l'enthousiasme, c'est à peine le
bois et la flamme d'une allumette pour un incendie qui s'éteindrait. Quand les matières explo-
sives manquent, comme on l'a abondamment
prouvé pour 89, il faut en porter d'un autre pays
et payer le combustible qui va incendier la maison.

Mais il ne suffit pas de payer les chefs plus ou
moins pauvres de l'entreprise; il faut acheter
des silences ou des gens qui se tairont; des inerties, des gens qui devraient agir et ne feront
rien; des coopérateurs plus ou moins coûteux:
ici c'est plus cher, on y risque la vie; et cela,
sans compter les armes, munitions, provisions et
fidélité, longue quelquefois, qui se lasserait à
la fin devant les obstacles. Dans une grande
révolution, oui ou non, faut-il des millions? Ceux
qu'on fait espérer ne suffisent pas; le brigand
se paye argent comptant.

Si on examine l'état de fortune des acteurs de
la Révolution française on en trouve un qui était
riche et qui y perdit presque tout son avoir,
c'est-à-dire 450.000 livres, le duc d'Orléans Philippe-Egalité. Au lieu du trône de France qu'il
y cherchait il trouva l'échafaud.

Mirabeau était criblé de dettes parce que
vicieux; il était vendable au plus offrant. Pourquoi, à la fin, se rapprocha-t-il de la cour et
chercha-t-il à se mettre du côté droit? N'était-ce
pas, son rôle étant fini et ne recevant plus rien
du côté gauche où l'on avait trouvé mieux et

moins cher, qu'il se retrouvait sans un denier vaillant ?

Ni Danton ni Robespierre, avocats de peu de causes et sans fortune, n'avaient des milliers de livres à mettre pour cautionner la révolution ; le premier au contraire devait y gagner un beau domaine à Arcis-sur-Aube, dépouille de quelque victime ; le second, l'incorruptible, affecta toujours l'austérité républicaine qui n'a pas à recueillir la manne tombant de la main du fisc, parce que comme Clémenceau, on l'expliquera en son lieu, elle a ses coffres garnis par une main étrangère.

Marat, qui a eu quelques années son buste à Montsouris, — parlait-on dans ces années bien français à Paris ? [1] — Marat, petit, grotesque, hideux, né à Neufchâtel, en Suisse, était venu s'établir en France où il publia quelques ouvrages scientifiques et politiques, en 1790 celui qui traite de la nécessité d'un roi. Médecin des gardes-du-corps, d'autres disent vétérinaire des écuries du comte d'Artois, il ne paraît guère avoir possédé grand chose en dehors du clyso-pompe antique servant aux clystères des chevaux.

Si nous faisons l'inventaire des biens qui appartenaient en 89 aux autres séides de la Révolution, nous verrons que beaucoup étaient des gueux ou presque des gueux qui comptaient sur les bouleversements qu'ils allaient provoquer pour se faire une fortune ; bien peu relativement y ont réussi. Ceux-là ne risquaient pas de mettre des millions dans l'entreprise.

---

1. Curieux rapprochement : Marat, Montsouris.

Cherchons, ne nous rebutons pas, nous finirons par trouver qui a fourni les fonds pour le cautionnement de cette immense affaire. Apparemment ce devait être une puissance étrangère qui avait intérêt à ce chambardement. Portons nos regards de ce côté.

***

Si la cause des bouleversements en 93 n'était pas en France, nous l'avons amplement démontré, elle a été au dehors, pas de milieu.

Qui donc a eu un grand intérêt, en cette lamentable époque, à mettre le feu chez nous, à organiser pendant l'affolement un pillage méthodique qui devait nous appauvrir fatalement? Cherchons qui a suscité cette énorme catastrophe appelée à ruiner finalement la France si, sans tarder davantage, nous n'y portons un remède énergique et qui nous sauvera, car le feu continue.

Les diverses nations de l'Asie, de l'Afrique, de l'Amérique et de l'Océanie n'avaient absolument rien à voir en France à cette époque. En Europe, la Russie, l'Espagne, le Portugal, l'Italie, la Suisse, la Turquie, pas plus que les pays scandinaves et septentrionaux, n'avaient rien non plus contre notre pays, ni haine, ni rancune, ni jalousie.

L'Autriche, maltraitée d'abord, puis aidée sous le règne de Louis XV, avait pardonné. Non seulement elle voulait oublier ses longues rivalités avec la France qui ne lui avaient rien rapporté de bon, mais elle venait de donner en mariage une brillante archiduchesse, Marie-Antoinette, fille de Marie-Thérèse, comme épouse à Louis XVI ; c'était pour resserrer avec la France des liens d'amitié bien lents à se former. Il se créait une Europe nouvelle, où toutes les nations catholiques allaient former et même constituer un bloc puissant. Est-ce vrai ?

A la fin presque de nos éliminations, qui rappellent un peu dans les mathématiques le *crible d'Eratosthène*, nous ne voyons plus en scène que deux nations protestantes : l'Angleterre et la Prusse. Depuis le traité de Paris qui, en 1763, avait terminé la guerre de Sept-Ans à leur avantage, donnant toute satisfaction et au delà à Frédéric II, la Prusse depuis déjà vingt-cinq ans n'avait plus aucune raison d'en vouloir à la France.

Restait l'Angleterre.

Après s'être emparée de toutes nos grandes colonies d'Asie et d'Amérique, de l'Hindoustan et du Canada en détruisant complètement notre vaillante marine, l'Angleterre avait vu avec dépit Louis XV, par le duc de Choiseul, et Louis XVI, par Vergennes, rétablir entièrement cette marine si redoutable et même dans des conditions meilleures qu'auparavant.

En 1787 les deux flottes étaient égales ; la nôtre avait des officiers nobles de tout premier ordre qui s'étaient avantageusement mesurés en Orient et en Occident avec les commodores et amiraux anglais ; c'étaient le bailli de Suffren, de Grasse et d'Estaing.

De plus, l'entreprenant Louis XVI, qui n'était rien moins qu'endormi, n'avait-il pas puissamment aidé les Etats-Unis, la plus belle alors et la plus riche colonie de l'Angleterre, à se rendre complètement indépendante? D'autres allaient procéder de même; l'empire britannique était menacé de perdre tous les fruits du traité de Paris.

« Mais n'y a-t-il pas en France un autre duc de Bourgogne, un autre Philippe le Bon ou le Mauvais pour aider notre Chambre des lords comme au temps heureux de la guerre de Cent-Ans?... Oui, il y a bien un Philippe, pas tout à fait de Bourgogne, mais d'à côté, Philippe d'Orléans, petit-fils du Régent. Cette branche cadette toujours amie de l'Angleterre est plus ou moins ennemie en sourdine de la branche aînée, dévouée à l'Espagne. Et si nous lui promettions le trône de France au lieu de ce débonnaire Louis XVI qui nous inquiète et nous crée des soucis avec sa marine? C'est cela; un ami dans la place, diviser pour régner, c'est parfait!

« Mais tout de même ces diables de gentilshommes aiment toujours leur pays. Le roi pourrait s'appuyer encore sur sa fidèle noblesse qui ressemble toujours aux vieux Armagnacs. Où donc trouver les troupes Bourguignonnes ou autres pour aider cette fois le Prétendant?

« Ces troupes, déjà depuis cinquante ans on les recrute dans toutes les provinces : c'est notre fidèle maçonnerie qui désire tant faire de la France un prolongement naturel de la chère Angleterre avec ses champs de blé, ses riches vignobles, ses opulents vergers et ses magnifiques châteaux où viendra se pavaner, se prélasser le milord adorateur du bien-être et qui sait jouir de la vie! »

Mais qui mènera la danse... funèbre... sanglante?

# CHAPITRE II

## La vraie Cause, presque l'unique,
## de la grande Révolution

Qu'y a-t-il de plus frappant dans notre histoire que cette longue rivalité, cette rivalité séculaire de la France et de l'Angleterre? A peine Guillaume le Conquérant, duc de Normandie, a-t-il ceint la couronne royale à Londres qu'éclate avec Philippe I$^{er}$, son suzerain, une lutte qui se poursuivra pendant huit siècles, avec des intervalles de trève qui ne dépassent guère chaque fois quarante années. C'est seulement après le règne de Napoléon I$^{er}$, et nous en donnerons les raisons, que les deux nations passent un siècle et plus sans en venir aux armes.

Cherchons les causes de cette inimitié.

L'an mille était passé; mais les Normands fixés dans la Neustrie n'y avaient point perdu tout à fait leur humeur aventureuse. Ils iront, sous les ordres de Robert Guiscard et de ses deux fils, fonder en Italie le royaume des Deux-Siciles.

De son côté, Guillaume, duc de Normandie, bâtard de Robert le Diable, aspira au trône d'Angleterre occupé par Harold, fils du comte Godwin. Il prétendit qu'Edouard le Confesseur l'avait institué son héritier et se prépara à faire valoir ses droits.

Pour être sûr de vaincre, il lui fallait du monde ; aussi appela-t-il sous ses étendards tous les aventuriers de l'Europe. Il en vint de tous côtés car il avait promis de leur donner des fiefs et des titres de noblesse dans son nouveau royaume. Ce ne furent pas, la plupart de ces soixante mille guerriers, des gens honorables comme ceux qui, trente ans plus tard, s'enrôlèrent en Europe pour la Palestine dans la première croisade. Ici c'étaient, la plupart, des individus de sac et de corde, beaucoup de brigands et de coupe-jarrets. Ces gens avinés et gloutons étaient-ils pires que les anciens Normands païens ? Sans aucun doute ; ces derniers au moins n'avaient point abusé, par des crimes de toute sorte, de la grâce de leur baptême quand ils ruinaient les églises et les abbayes. Voilà donc les glorieux ancêtres de l'aristocratie anglaise, ne disons pas de la noblesse. Qu'y avait-il de noble en effet dans ces bandits ? Il ne se trouvait pas en eux un des fondements essentiels de la noblesse, l'amour du travail. Quelle différence avec les Francs !

Etablis châtelains dans les cantons de l'humide Angleterre, loin du blé, du vin et des fruits savoureux mûris au soleil de la doulce France, il est naturel que ces gens-là n'aient pas trouvé tout le bonheur qu'ils avaient imaginé. Un certain nombre de ces compagnons du Bâtard avaient, comme vassaux du duché de Normandie, des fiefs sur le continent ; ils passaient à leur goût suivant les saisons leur temps en

France et en Angleterre, mais les bandits et leurs fils anoblis n'y avaient point de possessions; quelle envie d'aller y en chercher!

Cette grande raison de l'envahissement et de la conquête des riches terres du Midi par les gens du Nord, quand ils en connaissent l'existence, et surtout quand ils en ont savouré les fruits généreux et exquis, explique une bonne partie de l'histoire.

Faut-il croire que les vils conquérants de l'Angleterre aient perdu de leur immoralité quand ils ont été installés comme ducs, comtes et barons dans des châteaux et de grandes propriétés? Ils n'y étaient pas venus pour labourer mais pour jouir. Ces vastes prairies, ces pacages toujours verts offraient une abondante pâture aux animaux. Faisons de l'élevage; c'est moins pénible et moins coûteux que le labour. Nous aurons du lait, du beurre et surtout du fromage; et afin de pousser nos porcelets et nous purger à discrétion nous en aurons du petit lait!

Cependant ici nous ne sommes pas venus pour mener simplement la vie frugale des patriarches; laissons grandir ces veaux puisque le foin ne manque pas. Bientôt nous aurons des montagnes de viande, non pas des bœufs de labour, mais des bœufs à manger; allons, bifteck, bœuf grillé, rosbif, bœuf rôti, bien meilleurs que le bouilli réduit du pot-au-feu, voilà des mets tout à fait anglais. Mais il faut boire quand on mange, notre orge nous donnera de la bière; fermenté, de l'alcool artificiel à défaut de naturel. En sus, de la *mermelade* de pomme, et puis allons jouer! faisons de l'exercice.

Mais l'Eglise recommande de nous défier de la viande et des spiritueux? Et qu'est-ce que cette Eglise?... Etudie pas, connais pas! Mais le Christmas?... La bombe? ah oui. — Que faisaient donc les arrières grands-papas?

Le plus beau jour de l'année pour la gloutonne Angleterre, c'est Christmas, la Noël. Quand les vrais Anglais entrent dans la salle à manger et voient sur la lourde table la montagne de victuailles et de comestibles, particulièrement le dindon charnu, ce sont des cris de joie inexprimables. A la fin de la ripaille on s'étend, on pose les pieds sur la table pour être tout à fait à l'aise, et à fumer!... *(sic)*.

A quand remontent cette mentalité et ces pratiques de goinfrerie? Pas à l'époque où l'Angleterre était sous Charlemagne l'île des saints et des savants.

Or, qui ne sait l'influence de la nourriture et du mode d'alimentation sur l'organisme? On l'a déjà dit.

Plus tard, l'aristocratie anglaise violant tous les droits et avec une prétendue permission de la Papauté, s'empare de l'Irlande; il leur fallait pour l'élevage les prairies de la verte Erin. Les landlords au tempérament de loups se partagent le territoire; ils réduisent le possesseur à l'état de tenancier. D'année en année presque, pendant certaines époques, ils augmentent le fermage pour obliger l'Irlandais à déloger. Déjà quatre millions d'entre eux, abandonnant avec larmes la chère et sainte patrie, avaient dû s'exiler en Amérique, lorsque le grand agitateur O'Connell commença à tirer la crinière de la vieille Albion et à lui créer des soucis. La justice enfin est venue, mais est-elle complète?

Vraiment est-elle belle l'histoire de cette aristocratie pendant neuf siècles?... Sauf les quelques mois que Richard Cœur de Lion les entraîne en Palestine, il n'éclot dans ces cerveaux aucune grande idée, il ne surgit dans ces cœurs aucun noble sentiment, on ne voit d'autres entreprises que celles qui ont rapport aux bas instincts de la nature.

Et quelles colères quand notre glorieuse Jeanne met en péril son envahissante domination sur les champs fertiles, les riantes prairies et les riches coteaux de la France longtemps convoitée et presque entièrement assujettie! Il faut brûler vive la Pucelle. Barons, évêques et même le cardinal de Bedfort s'emploient à cet assassinat juridique; et il faudra cinq cents ans à la conscience anglaise pour s'apercevoir, de nos jours seulement, qu'elle a commis un grand forfait!

L'aristocratie le réparera-t-elle?

Nous avons déjà vu ce qu'elle fit à la suite de son Barbe-Bleue. Ses prélats au cœur perverti violèrent leurs engagements sacrés et reçurent en récompense les dépouilles de l'Eglise. C'est alors que se forma au flanc de l'Angleterre la plaie purulente, hideuse de ce paupérisme qui afflige les yeux et le cœur de l'étranger qui visite Londres.

Nous l'avons décrit.

En vain Marie Tudor, fille de Catherine d'Aragon, qui avait du sang espagnol dans les veines et la foi romaine dans le cœur, essaie de retirer du bourbier où elle s'enfonce de plus en plus cette cruelle oligarchie anglaise; les Stuarts, issus des Guises, pourraient peut-être continuer cette politique; on fera une révolution qui décapitera à White-Hall Charles Ier, et une autre révolution qui éloignera pour toujours du trône les Stuarts catholiques.

Entre temps on soutient les protestants français à l'époque de la Ligue et au siège de La Rochelle, tandis qu'on persécute à outrance le papisme et qu'on le rejette de la Chambre des lords.

Arrive la grande lutte contre Louis XIV.

Louis XIV semblait à cette époque l'incarnation du génie et de la puissance catholiques. Il a lutté contre les Barbaresques et les protestants de France. Il a révoqué l'Édit de Nantes. L'Angleterre n'a pas besoin de l'excitation des réfugiés français pour s'attaquer une seconde fois au grand roi de la manière la plus violente. Le prince Eugène et Marlborough gagnent victoire sur victoire; cette guerre va anéantir la France épuisée d'hommes et d'argent. On sait la lettre magnanime que Louis XIV écrivit au maréchal de Villars en lui confiant sa dernière armée.

Malheur... pour l'Angleterre! Denain sauve la France au bord de l'abîme.

L'Angleterre est-elle découragée? En voyant la fortune inespérée, mais toujours fidèle, de sa rivale, va-t-elle enfin renoncer pour jamais à la lutte?

Ce serait sage; l'Angleterre pratique, tenace en affaires, unie à la France ferait des prodiges.

Mais la sagesse est-elle dans l'esprit, est-elle dans le cœur de cette Chambre des lords qui mène tout et dont le portrait fidèle a été tracé depuis deux cents ans par ce grand peintre qu'on nomme Bossuet, cet historien incomparable qui découvre les causes les plus cachées avec les lumières éclatantes de la philosophie et de la théologie? Ce qu'il a dit de Cromwell dans l'Oraison funèbre de la Reine d'Angleterre s'applique de tous point à ses pareils qui forment la Chambre des lords. Disons avec Bossuet :

« Des hommes se sont rencontrés, d'une profondeur d'esprit incroyable, hypocrites raffinés autant qu'habiles politiques, capables de tout entreprendre et de tout cacher, également actifs et infatigables dans la paix et dans la guerre, qui ne laissent rien à la fortune de ce qu'ils peuvent lui ôter par conseil et par prévoyance ; mais au reste si vigilants et si prêts à tout qu'ils n'ont jamais manqué les occasions qu'elle leur a présentées ; enfin des esprits remuants et audacieux qui semblent être nés pour changer le monde. Que le sort de tels esprits est hasardeux, et qu'il en paraît dans l'histoire à qui leur audace a été funeste ! Mais aussi que ne font-ils pas quand il plaît à Dieu de s'en servir ? Il a été donné à ceux-ci de tromper les peuples et de prévaloir contre les rois. »

Cette Chambre, nous l'avons vu, sans forcer aucunement les couleurs sombres de cette histoire, semble tombée de crime en crime au fond de l'abîme du vice. Non, elle n'y est pas encore arrivée ; il lui en reste au moins un bien grand à commettre, un forfait de très grande envergure, un forfait immense, presque incroyable, surtout aux Français.

*<br>**

Qui n'a lu ou entendu lire en France et dans une multitude de nations étrangères quelqu'une des fables de notre grand La Fontaine? Son génie, qui embrasse tous les genres, a été fécond : ses douze livres ne contiennent pas moins de 239 fables, dont un grand nombre sont des chefs-d'œuvre. Qui se vantera de les avoir lues toutes, de la première à la dernière?... C'est seulement aux approches de la vieillesse, quand la sagesse est venue avec quelques cheveux blancs, qu'on prend infiniment plaisir à lire tout le Bonhomme, qu'on le préfère à plus d'une épopée, qu'on ne voudrait perdre ni une miette de cette pâtisserie, ni une goutte de cette liqueur délicieuse.

Vous avez lu certainement *La Cigale et la Fourmi, Le Lion et le Moucheron, Le Chêne et le Roseau*; mais avez-vous lu... *Le Renard anglais?*

Non, n'est-ce pas? En effet, ce morceau ne figure pas entre les plus beaux, ni même les moyens du recueil; mais il n'est pas un historien français qui n'eût dû lire au moins un de ses vers, celui-ci qui vaut tout un volume :

Les Anglais pensent profondément.

Il me tomba sous les yeux au mois de novembre 1914. En bon Français que j'étais et avec une petite passion pour l'histoire, vieille de quarante ans, je lisais les journaux de la guerre

avec la plus vive attention, le plus poignant intérêt. La nation dont les évolutions intriguaient le
plus alors ma curiosité en éveil c'était, le devi-
neriez-vous? la nation anglaise. Partout où cette
nation met le poids de son épée ou mieux de ses
guinées à l'effigie d'un saint, ce qui les fait
appeler la cavalerie de Saint-Georges, partout
la victoire vient couronner ses alliés, sauf, nous
l'avons vu, l'Orléans et le Denain providentiels
qui furent le salut de notre patrie.

Jamais depuis quinze ans, malgré les plus
instantes supplications de la France et de la
Russie, l'Angleterre n'avait voulu dépasser les
limites assez ambiguës de l'Entente cordiale. Si
elle eût été jusqu'à une alliance offensive et
défensive, face à la Triplice, jamais l'équilibre
n'aurait été rompu; la Chambre des lords ne
voulait point cela, elle le savait. C'est la guerre
qu'elle désirait.

Elle vient arguer de la violation de la Belgique pour déclarer qu'elle est forcée d'entrer
dans la guerre; savait-elle déjà qu'à Verdun on
ne passerait pas? Probable. Au moment où
Edward Grey prononça cette parole à la Chambre des Communes, l'ambassadeur allemand
pâlit. Non, à Berlin on était tout à fait dans
l'illusion, on ne s'y attendait pas. Tandis que
Lloyd Georges fait signer aux deux alliés les
accords de Londres par lesquels, — les naïfs! —
ils s'engagent à ne point faire séparément la
paix, il déclare solennellement aux souscripteurs
de l'emprunt intérieur que non seulement ils ne
perdront pas un sou de leur créance, mais que
le jour de l'échéance des intérêts ils pourront se

présenter aux guichets où ils seront fidèlement payés.

Là-dessus viennent se greffer deux réflexions assez curieuses. Pendant trente-quatre ans, depuis 70, combien d'argent la France avait-elle dépensé, toujours sur le qui vive, pour entretenir ses troupes de couverture et leur acheter des munitions plus ou moins démodées à cette heure critique? La Russie presque autant. L'Angleterre avait son argent en caisse pour acheter... l'armement dernier modèle. « Mais, dira-t-on, non seulement la France avait assuré ainsi longtemps sa défense, elle était à même ainsi que la Russie d'entrer en campagne après quelques jours de mobilisation. » « Excellent pour l'Angleterre qui n'avait pas alors d'armée territoriale. » « Passez mes amis, les Français et les Russes, pendant que je recrute et forme mes troupes. Recevez les premiers chocs, les plus terribles du mastodonte teuton, et quand les grands coups auront été rués, ce sera pour moi le moment de venir et de dicter la paix qui me conviendra, et qui ne plaira ni aux vaincus ni aux autres vainqueurs. Oh! oui,

Les Anglais pensent profondément!...

Là-dessus mon attention mise en éveil, je me mets à réfléchir sur les événements qui se succèdent, et souvent, de plus en plus même, je m'aperçois, je constate que le Bonhomme avait dit vrai : *les Anglais pensent profondément :* « Grande guerre, bonne occasion de saigner toutes les colonies afin qu'elles ne se révoltent point! » Aussi un prince hindou disait à Marseille devant des soldats français : « Ingleses pas bêtes dans la guerre. Primera fila, hindou és ; segounda fila, hindou és ; tercera fila, hindou és... *septima fila?* Ingleses ! »

Au commencement de 1917 les Etats-Unis se proposent d'entrer dans la guerre ; c'était au mois de janvier. La guerre, sans considération des sous-marins, et bien plus le péril que commençait à courir le dollar par l'affaiblissement des alliés, décida l'Amérique à ne plus tarder. Au moment où elle va entrer dans la lutte s'effondre la Russie, au 17 mars 1917. Tout le monde croit à ce moment que les kammarades allemands ont débauché le moujick fatigué ; c'est à l'arrière que s'est produite la trahison, puis le craquement. D'où venait le girondin Kérinsky, celui qui emprisonna le Czar et sa famille ? — Mystère ! — Qui lui avait donné l'argent nécessaire pour allumer et accroître le feu d'une révolution ? Encore mystère pour ceux qui ne soupçonnent rien. En tout cas, où alla Kérensky lorsque le montagnard Lénine eut formé son Comité de salut public ? — Kérensky s'en fut à Londres, où tout le monde lui tourna le dos, les milords plus que les autres ; le feu marchait bien à Moscou, on n'avait plus besoin de lui. Or, en octobre 1916 la Russie, par la bouche d'un prince, son ambassadeur, avait très hautement et fermement revendiqué Constantinople. Au moment où les troupes fraîches des Etats-Unis expéditifs pouvaient la remplacer sur les champs de bataille de l'Europe, avait-on encore besoin de la Russie ? Guère. Ceux qui pensent profondément ne l'ont-ils pas torpillée ?... Quel grand péril pour les Indes qu'une Russie triomphante ! Et ces poussières de républiques que l'on suscite à la place, quelle plaisanterie ! C'est bien mieux pour l'Angleterre. Depuis, on est assez bons amis. Comédie, mais sanglante. Dès lors, je me demandai : La Chambre des lords, celle qui pense si profondément, n'est-elle pour rien dans la grande Révolution française ?... La ruine de la Russie est-elle son coup d'essai, sa première prouesse ? Mes études, mes réflexions et observations se portèrent sur ce point ; il y a seize ans depuis lors. Et quelles découvertes ai-je pu faire ? Il y a des personnes peut-être qui trouveront que traiter de canaille cette fameuse aristocratie anglaise, la première de l'univers, s'il vous plaît, mais à la côte... mondaine, pas à la côte de Jésus-Christ, la véritable ! traiter pareillement de canailles des messieurs extrêmement distingués, ce qu'il y a de plus distingué au monde, parmi lesquels des Présidents du Conseil, de la Chambre, du Sénat, de la République..., des Rois..., des Empereurs... et qui plus ?... ce n'est pas seulement la plus grossière désinvolture mais une injure impardonnable, un crime de lèse-majesté ; presque le plus exécrable des forfaits.

Quant à moi je fais mienne, non pas la première partie, mais seulement la seconde de la réponse d'Alceste ; tout homme intelligent y souscrira immédiatement après avoir réfléchi ; le bon sens parle ici avec Molière :

Ma haine est générale et je hais tous les hommes :
Les uns parce qu'ils sont méchants et malfaisants,
Et les autres pour être aux méchants complaisants...

Et n'avoir pas pour eux ces haines vigoureuses
Que doit donner le vice aux âmes vertueuses.

Et Boileau de dire :

J'appelle un chat un chat, et Rollet un fripon.

Le vice, quand il est outré, quand il dépasse toutes les canailleries, quand il accumule tous les forfaits et scélératesses de deux grandes révolutions et l'extinction méthodique de plusieurs races, comment faut-il l'appeler ? Certes la terminaison *aille*, *anglicaille*, qu'on lui appliquerait, *milordaille*, *maçonnaille*, serait vraiment par trop faible. Ne devrait-on pas employer couramment ces expressions méprisantes pour faire détester ces indignes malfaiteurs ? Pourrait-on raisonnablement y trouver à redire quand il sera prouvé qu'une somme énorme de crimes commis depuis trois siècles dans le monde entier, par cette fameuse Chambre des lords et son agent la maçonnerie, dépasse en inhumanité et irréligion tout ce qu'on a pu imaginer ? Il y a fallu une conception absolument satanique. Du reste la Bible adoucit-elle les mots et les expressions ? De simples hypocrites sont appelés races de vipères, sépulcres blanchis ; des gens oisifs dans saint Paul, des ventres paresseux. Les grands malfaiteurs britanniques comment les nommerait-elle ? les stigmatiserait-elle en vérité ?

# CHAPITRE III

## La Franc-Maçonnerie

Nous l'avons vu bien des fois dans notre histoire, le Lion français, appelons-nous ainsi, — ne parlons pas de coq plus ou moins gaulois; quelle est sa force? — le noble lion français ne sera terrassé et vaincu par le lâche félin appelé le léopard anglais que s'il a été trahi. Le léopard, avec l'argent qu'il a extorqué, cherchera à créer des traîtres.

Vaincu par Louis XIV à Denain, obligé de signer le traité d'Utrecht qui laisse un prince français, après onze ans de lutte, sur le trône d'Espagne, l'Anglais, c'est-à-dire la Chambre des lords, imagine de fonder une société secrète qu'elle appellera d'un nom respecté, la *franc-maçonnerie*. Mais pourquoi cette société qui se présente au monde comme philanthropique, dont les membres se traiteront de Frères, agit-elle toujours en cachette, dans d'impénétrables ténèbres? Les honnêtes gens ne vont pas se cacher pour bien faire, c'est au grand jour qu'ils se montrent, on peut examiner leurs actions quand on voudra. On l'a dit :

L'honnête homme habite une maison de verre.

Et puis, que sont ces secrets, ces terribles secrets que les membres de la maçonnerie font serment de garder?

Est-ce le secret de polichinelle? des choses de rien? Est-ce le secret de bonnes œuvres, et sous peine de mort? Cela n'a pas de sens; ce serment serait tout à fait ridicule. La révélation des bonnes œuvres édifie; il y a la contagion du bien aussi puissante que la contagion du mal; et quelle multitude de nobles actions ont excitée la proclamation des récompenses honorifiques, les publications des Congrès pour les sciences et les œuvres de bienfaisance.

Le secret maçonnique serait-il le secret de turpitudes sans nom, de profanations odieuses, d'un abominable commerce avec Satan? Pour peu qu'on ait vécu, on n'ignore pas les ignominies des maisons de corruption.

Le secret maçonnique si jalousement gardé n'est et ne peut être qu'un secret politique intéressant à cacher pour une nation.

Pour dérouter les recherches, la maçonnerie se donne des origines presque fabuleuses; elle remonterait presque avant le déluge, du temps de Caïn et d'Abel.

L'histoire sérieuse connaît la franc-maçonnerie authentique qui fut bâtisseuse de cathédrales et bénie par l'Eglise; mais elle signale positivement en 1717 la création de la fausse maçonnerie d'aujourd'hui. C'est en Angleterre par l'établissement de la grande Loge de Londres, d'où sont sorties toutes les autres loges, à laquelle celles de tous les pays obéissent activement et dont toujours le prince de Galles, héritier du trône et fils du roi d'Angleterre, est le grand maître universel. Aussi voyez les allées et venues de ce personnage à travers le monde en bateau, chemin de fer et avion. Il va s'aboucher personnellement avec les grands Orients, ses vassaux ; il va leur porter ses ordres avec quelques sous de la Chambre des lords, l'arrière-loge de toute la maçonnerie. C'est là que s'élaborent les forfaits qui ensanglanteront le monde, les coups de Bourse qui le ruineront pour enrichir de quelques milliards de plus cette oligarchie criminelle. Elle aura ainsi de l'argent pour faire vivre un million sept cent cinquante mille chômeurs qui prennent goût à ce métier ; et cela pendant des mois et des années. Le monde travaille pour eux !

Et afin que le secret de cette Chambre aristocratique soit bien gardé, le règlement porte que les Pairesses n'auront pas le droit d'assister aux assemblées, qu'elles s'y feront représenter. Cette Chambre connaît le sentiment de La Bruyère sur les femmes. Dans son livre des *Caractères* il trouve que les hommes, par un certain honneur, gardent plus soigneusement le secret des autres que le leur propre, mais qu'à l'inverse, les femmes livrent plus facilement par vanité le secret des autres que le leur. Aussi point de *pairesses* dans la Chambre haute des lords. Dans la Chambre basse des Communes, les suffragettes ont forcé la porte d'entrée ; il n'y a pas grand inconvénient, ce n'est pas là que l'on arrête les graves mesures qui feront perdre la liberté, le bonheur et la vie à des centaines de milliers, à des millions même de créatures humaines, comme on l'a vu dans la grande guerre résolue à la Chambre des lords.

Mais, objectera-t-on, y a-t-il des gens sur la terre arrivés à un tel degré de perversité et capables de semblables forfaits? A nous, Français, élevés dans le royaume très chrétien, cet état d'âme nous paraît impossible ; nous sommes portés à sourire comme devant un roman, à taxer d'exagérées de pareilles affirmations. Il y a d'autres pays honnêtes, très honnêtes qui rappellent assez bien la France ; mais il y en a vraiment — il faut y avoir été, — où le degré de moralité est fort au-dessous de zéro, où règne le banditisme même effronté, où l'on évite d'avoir de l'argent dans la maison pour n'être pas assailli de nuit ou même en plein jour, où des gens se mettent l'esprit à la torture pour trouver les moyens de vous tromper et de vous dépouiller, où encore les turpitudes et vices contre nature sont à peine dissimulés, où, disons-le, même le cannibalisme qui y a régné pendant des siècles n'est pas totalement perdu, où enfin on arrive à comprendre à peu près le dogme épouvantable de l'éternité des peines, tant les choses vont loin. Quand on s'est séparé de la véritable Eglise, qui a seule les moyens efficaces pour dompter la bête humaine, la plus redoutable de toutes, il n'y a pas d'abîme si profond dans lequel on ne tombe. On cite un trait de mœurs vraiment affreux arrivé dans un pays d'où l'on n'a pu exterminer la cruelle vengeance. Un misérable rencontre son ennemi dans un endroit étroit et écarté où il ne pourra échapper. Se précipitant sur lui et le saisissant à la gorge : « Renie Dieu et la Vierge, lui crie le misérable, et je te pardonne. » Impressionné par le révolver, l'autre aussitôt commet le blasphème. A peine a-t-il prononcé la parole fatale, le criminel lui dit : « Maintenant que tu es en péché mortel va en enfer! » il est tué à l'instant. Voilà une malice tout à fait diabolique; ne se contentant pas de lui arracher la vie, cet assassin veut, ainsi qu'un démon, le rendre éternellement malheureux.

Dans le cas présent, la malice n'est pas aussi grande, disons-le. Il s'agit de certains aristocrates qui, séparés depuis quatre cents ans de l'Eglise catholique, sont comme les antiques philosophes tombés dans le scepticisme; ils ne croient plus à rien qu'à la félicité présente; les gens qu'ils font disparaître comme gênants, nobles ou roturiers, tombent selon eux dans le néant; il n'y a donc pas à s'en occuper. Par ces éliminations de Français, de Russes, d'Hindous, leur sommeil et leur tranquillité ne sont plus troublés, leur avenir est assuré et aussi celui de leurs enfants; et quoi de plus?

Ainsi notre vie et celle de plusieurs millions d'hommes est entre les mains de ces incrédules; la gloire que nous devons procurer à Dieu et qui est un bien infini, Dieu ne l'aura pas, Lui qui a fait des sacrifices incalculables pour l'obtenir; et cela afin que quelques milliers de malfaiteurs mettent comme on l'a dit le feu aux quatre coins du monde pour se chauffer tout à leur aise.

Nous sommes donc dans le cas de légitime défense ; à nous d'agir et de les mettre dans l'impuissance de nous nuire et d'attenter à la vie des autres.

Ah ! si les nobles et les gens du peuple à l'époque de la révolution avaient su que la maçonnerie et les fédérés n'étaient que les valets de l'Angleterre, payés par elle, qu'auraient-ils fait ?

Mais les aristocrates anglais qui *pensent profondément*, soutenaient publiquement Toulon ; ils avaient équipé les navires qui transportèrent à Quiberon les nobles émigrés. Tout de même ici ils prirent immédiatement le large, évitant de rester pour recueillir en cas de défaite ceux qu'ils y avaient conduits. Pourquoi ?... Aussi de son côté, avant de mourir, l'héroïque Charette dit-il cette parole : « Voilà où m'ont conduit ces gueux d'Anglais ! » Elle donne à penser cette parole sur la tactique de l'Angleterre !

Ce qui se dégage de tous ces faits, c'est que l'oligarchie anglaise a lancé les révolutionnaires contre leurs compatriotes les plus braves, les plus éminents, pour les détruire par les piques, les armes à feu, la guillotine ; et de l'autre côté, pour cacher son jeu, elle a fait semblant d'aider les nobles afin que les Français à cette époque s'entre-tuent les uns les autres. Elle aura le barbare plaisir, qui ne répugne pas au cœur anglais, d'assister à ce spectacle : les Français s'entre-déchirant d'une manière plus cruelle qu'ils n'attaqueraient leurs ennemis. *Les Anglais pensent profondément !* et ils agissent... habilement.

**
*

De tout ce qu'a traité ce long chapitre, il ressort quatre principes bien établis :

En premier lieu qu'une révolution dans un grand pays est une grosse entreprise. En faire l'effet de l'enthousiasme de quelques bonshommes plus ou moins équilibrés, c'est une pure naïveté, c'est raisonner absolument comme des enfants qui ne voient aucune difficulté dans les choses les plus fantastiques. Non, les arbres séculaires ne tombent pas aussi vite et aussi facilement que cela quand ils ont conservé toute leur vigueur ; il y faut un vent d'une plus grande violence.

En second lieu une révolution, surtout quand elle est profonde, demande le siège en règle de fortes institutions établies dans les mœurs et les esprits. Or un siège de cette nature ne s'improvise pas ; il est longuement préparé.

En troisième lieu, une révolution considérable dans un grand pays demande des millions ; il faut acheter des inerties et des silences, s'assurer des complaisances, puis des complicités, obtenir surtout des collaborations décisives, souvent périlleuses ; cela se paye, et dans bien des cas chèrement. Il faut donc, première question, se demander d'où est venu l'argent, car si les révolutionnaires sont pauvres comme de vrais gueux, ce qui est l'ordinaire, l'argent est venu d'ailleurs pour ces grands frais. Il est fourni évidemment par ceux qui ont des intérêts considérables dans ce bouleversement politique.

En quatrième lieu, les révolutions sont faites souvent par des sociétés secrètes ; c'est donc une autre naïveté, une grande ineptie d'aller leur réclamer des documents. Les révolutionnaires traitent les choses de vive voix, il ne reste pas trace de leurs ententes, cela est élémentaire. Ils n'écrivent pour la galerie que des choses qui n'ont pas d'importance, telles que les procès-verbaux de 93. Et si la société secrète subsiste, elle se hâte de faire disparaître les documents compromettants. Elle achète même les premières éditions des ouvrages qui traitent à fond ces graves sujets ou arrête absolument leur publication. Il paraît que Taine, dans un de ses vaillants ouvrages, avait écrit, en honnête homme qu'il était, des choses fort intéressantes et assez claires sur 89. Il fut officieusement averti que dans de nouvelles éditions il eût à les modifier. Pourquoi cette consigne? tout simplement parce que la séance continue. L'opération commencée vivement le 20 juin 89, menée sans interruption pendant dix ans avec violence, accumulant de grandes ruines, est brusquement arrêtée par un sabre le 18 brumaire 1799. L'interruption, pendant laquelle la France se refait, dure jusqu'aux Cent-Jours. Le traître Grouchy, en refusant de marcher au canon, a causé la reprise de l'opération qui, nous le montrerons, n'a plus été interrompue, accumulant de plus lamentables ruines.

Plus que jamais la consigne est de se taire.

Les coupables sont sûrs de l'impunité; non seulement le secret est bien gardé, mais ils le croient absolument impénétrable.

Heureusement Dieu protège la France. La Sainte de la Patrie, la glorieuse Jeanne d'Arc, que les vrais patriotes catholiques ont fêtée l'an dernier, ne permet pas que l'iniquité soit consommée, que son œuvre, édifiée avec tant de peine, soit lamentablement détruite.

*<br>**

La vérité se fait jour. On verra des choses extrêmement graves qui se sont passées, qui se passent encore et qu'on était loin, bien loin de soupçonner. — Que veut être l'histoire?

Longtemps l'histoire s'est affranchie de toute règle; c'était plutôt une œuvre d'art que la prétention d'éclairer le présent en lui faisant un récit fidèle des événements passés. Puis elle devint *narrative*, racontant les faits avec force détails, y ajoutant même des anecdotes pour les rendre intéressants, c'est la façon de Michelet; l'imagination y jouait un rôle aussi considérable que la raison. L'histoire devint ensuite *descriptive* avec de Barante; elle s'attacha à peindre les personnages, les faisant revivre. Par ces deux systèmes, elle avait fait sa rhétorique; Guizot la poussa plus loin, il s'attacha à la recherche des causes pour expliquer les événements; ce fut l'histoire *philosophique*. La critique allemande se moqua de ces façons d'écrire l'histoire. D'après elle, l'histoire qui n'est pas *scientifique* n'est rien, ne vaut rien. Et quand, selon eux, est-elle scientifique? Quand elle repose uniquement sur des documents écrits. Aussi pour se conformer absolument à cette fameuse règle de la nouvelle critique a-t-on publié pendant longtemps les ouvrages d'histoire bourrés de pièces justificatives, farcis de documents arrachés à la poussière des archives; c'était on ne peut plus savoureux, c'était allemand.

Tout de même on ne voit guère ce qu'il y a de *scientifique* chez un élève qui copie purement et simplement la solution d'un problème que son voisin lui a passée. Ainsi à peu près de l'histoire au goût de Fustel de Coulanges.

N'appelons pas *scientifique* cette histoire qui ne s'appuie que sur des documents plus ou moins sûrs, quelquefois inventés pour les besoins d'une cause, ou interpolés comme on l'a fait en Allemagne dans plus d'un cas. Appelons cette histoire *documentaire*.

Le mot *scientifique* appliqué à cette sorte d'histoire n'est pas seulement prétentieux, il est absolument faux. Des philosophes qui vont au fond des choses soutiennent même que l'histoire n'a rien d'une science. Admettons, nous, qu'on peut la traiter en employant les moyens et les méthodes scientifiques ; ce qui par un certain abus de langage nous permettra, jusqu'à un certain point, de lui donner ce nom.

Tout ceci établi, discutons le cas présent.

Nous accusons hautement dans cet ouvrage non pas l'industrie, ni le paupérisme anglais, qui n'ont rien ou pas grand'chose, mais la coupable oligarchie de la Chambre des lords d'avoir imaginé la Révolution française, de l'avoir préparée pendant près de soixante ans et enfin accomplie par la maçonnerie qu'elle a payée et soutenue jusqu'à la chute de Robespierre ; nous l'accusons d'avoir ensuite relancé ces traîtres à la patrie vers la fin du règne de Napoléon et de n'avoir cessé de gouverner par eux et avec eux la France jusqu'à nos jours. C'est cette active et hypocrite Chambre des lords qui fait et défait encore les Présidents de la République et les ministères, qui administre presque tout chez nous, obtenant par la ruse ce que les vrais nationalistes qui résistent lui refusent. Voilà ce que nous affirmons.

Ce n'est pas à la lueur de documents incomplets, altérés, et à plus forte raison inexistants, tout s'étant passé dans un terrible secret, que nous éclairerons la préparation de la révolution, son accomplissement, ses conséquences énormes ainsi que les événements du XIX$^{me}$ siècle, ceux qui aujourd'hui même s'accomplissent sous nos yeux. C'est à la lumière éclatante des faits dont la plupart sont connus que nous éclairerons vivement les situations, de façon à les faire comprendre de tous: Pour nous, l'histoire sera un flambeau mis par le passé entre les mains du présent pour l'éclairer et aussi pour éclairer l'avenir.

Nous emploierons les moyens que la philosophie la plus exigeante nous indique et que la science met à notre disposition pour dissiper complètement ces ténèbres qu'on avait voulu rendre impénétrables.

Nous y réussirons, non à l'aide de cette justice immanente dont parlent les incrédules, mais avec une saine et forte méthode que bénira ce Vengeur du crime qui dévoile le secret des cœurs, même avant le Jugement dernier, quand de graves intérêts l'exigent; c'est le cas aujourd'hui. Nous demandons son appui.

# CHAPITRE IV

## Préparation de la Révolution

Nous l'avons dit, l'histoire assigne catégoriquement en 1717 l'établissement en Angleterre de la maçonnerie, et c'est huit ans après, en 1725, que l'institution est transportée ou mieux introduite en France secrètement.

Ce qui est remarquable dans les soixante-cinq années qui suivent, ce sont les voyages ou plutôt les pèlerinages à Londres, la cité sainte de la maçonnerie, des Français philosophes et beaux esprits, ennemis jurés de la Religion, de la noblesse et du roi. Voltaire y est allé dès 1726; il y est resté trois ans. Revenu avec la haine de la France et surtout de sainte Jeanne d'Arc, qui a arraché notre patrie à l'Angleterre, il travaillera trente années à écrire contre la grande Sainte son horrible pamphlet. Montesquieu, son ami, aussi léger, mais affublé d'une toge, va le remplacer à Londres en 1729; il y séjourne deux ans et assiste aux sessions du parlement; Jean-Jacques y est allé. Diderot et d'Alembert savaient à la perfection l'anglais, comme une seconde langue maternelle; ont-ils été à Londres

pour recevoir des ordres formels ou au moins
des encouragements et des conseils afin de monter la savante machine de l'*Encyclopédie* dont
personne ne parle plus aujourd'hui? Cela est
plus que probable. Marat est allé y faire impri-
mer, en anglais d'abord, son livre des *Chaînes
de l'Esclavage*; c'était en 1774. Mirabeau s'y
est rendu. Si l'on pouvait savoir l'histoire détail-
lée des Conventionnels les plus marquants, il n'y
aurait pas lieu de s'étonner qu'ils n'aient fait,
en dévots musulmans, leur pèlerinage criminel à
la Mecque maçonnique.

Ce qui est certain, c'est une véritable organisation facile à constater des sectateurs du phi-
losophisme dans une lutte serrée contre l'ancien
ordre des choses. Il y a aujourd'hui des campagnes de presse montées et payées par les fonds
secrets en vue d'agiter l'opinion, de la faire de
toutes pièces sur une question, enfin de l'ameuter dans certaines circonstances. Comment sup-
poser qu'on n'a pas usé de la même tactique
pour préparer les esprits aux changements des
institutions qui faisaient l'honneur et la force
de la France? Cet ensemble qui aurait de quoi
surprendre, s'il n'eût été voulu et organisé,
trouve son explication dans les événements qui
ont suivi et qu'il a véritablement provoqués.
Ceux qui attaquent sont presque tous des crève-
la-faim qui ne vivent d'abord que de l'assistance
des gens qu'ils trompent; ils ne sortent de la
misère qu'en écrivant ces insanités; des colpor-

teurs les vendent longtemps à vil prix, sous le manteau, pour corrompre les gens ; c'était donc payé par l'étranger, la Chambre des lords, et par sa valetaille, la maçonnerie. Puis quand le mal est assez grand et que les malfaiteurs sont peu payés, au compte-goutte, par l'Angleterre, ils se tournent, qui, Voltaire vers Frédéric II, qui, Diderot vers Catherine de Russie pour demander davantage.

Montesquieu érige en dogmes les deux absurdités suivantes : « 1º Toute nation qui n'a pas, comme l'Angleterre, une grande Charte écrite, manque de constitution. — 2º Le gouvernement parfait est basé sur la distinction d'abord, mais surtout la séparation des pouvoirs, de telle sorte que ce soient des individus différents qui fassent la loi, en poursuivent l'exécution et punissent de diverses peines les infracteurs de ces lois. » (Pouvoir législatif, pouvoir exécutif et pouvoir judiciaire).

Examinons la valeur de ce fameux principe imprudemment adopté par beaucoup de nations.

D'abord qu'est-ce qu'une Constitution ? La manière dont une nation est organisée et la façon avec laquelle fonctionnent ses services publics. Il y a une analogie frappante entre la constitution du corps humain et celle d'un peuple formé en corps de nation. Il y faut un cerveau qui pense, des membres qui exécutent, un cœur qui anime tout.

Voici un centenaire qui n'a jamais été malade, qui digère à merveille, a la tête solide et fait sur ses jambes tous les jours sa promenade hygiénique. A-t-il une constitution ? Tout le monde dira : « Bien sûr ! et même bonne, même excellente ! » Par malheur, ce brave centenaire n'a pas eu l'idée de se faire examiner aux rayons X, et il est dans un pays arriéré où il n'y a ni service obligatoire, ni livret militaire avec les mentions : menton rond, nez busqué, oreilles de lapin.... Eh bien ! ce malheureux centenaire n'a pas de constitution ! Vous lui en croyiez une excellente ? Erreur. C'est Montesquieu qui le dit. Du moment que ce n'est pas écrit, et signé, et tamponné, il n'a pas le front haut, les yeux pers, la bouche large, etc. ; il n'a pas de constitution.

Il y avait en Europe une robuste femme, appelée *dame France*, quatorze fois centenaire, s'il vous plaît ; ses enfants étaient connus partout très vigoureux en Extrême-Orient et en Extrême-Occident. Frédéric II disait d'elle : « Si j'étais roi de France il ne se tirerait pas un coup de canon en Europe sans ma permission ! » Eh bien, un prétendu philosophe, affublé d'une toge, Montesquieu, avait franchi un jour la mer du Nord, fait ses galanteries à une haute lady osseuse, aux dents longues et bien aiguisées. Elle le mène un jour chez son notaire et lui montre une grande Charte appelée *Constitution anglaise* ; le président Montesquieu tombe en extase, il est ravi. « Ah ! voilà une Constitution ! Enfin j'ai vu une Constitution ! » Après avoir mangé du rosbif anglais, du bifteck, de la mermelade, avoir bu du wisky et une tasse de thé bien chargé pour faire passer tout ce convoi, l'auteur des *Lettres Persanes* revient sur le continent et déclare à la façon d'un juge infaillible que la robuste France n'a pas de constitution. Le 20 juin 1789, plus de sept cents francs-maçons font le serment de ne pas se séparer sans lui en donner une, bien écrite, à laquelle ils travaillent trente longs mois. La nouvelle Charte, mise dans un coffre de bois précieux, est placée, nouvelle arche d'alliance, sur une étagère dans la salle des séances de la Législative, là, tout à fait derrière le fauteuil du président. Adoration à la Constitution !

Cette fameuse pièce, fabriquée après mille discussions plus ou moins sottes par la Constituante, était-elle à peu près viable ? La preuve, c'est que les politiciens n'en ont élaboré en France que la bagatelle de vingt-deux ! Montesquieu, s'il revenait, serait-il content ? Quelle pitié !

Allons, cessons de divaguer. La France a perdu sa bonne constitution d'autrefois, qui n'était pas écrite, mais qui était réelle. Qu'a-t-elle fait depuis cent cinquante ans ? L'histoire répond : « Elle a évolué depuis la Monarchie paternelle de Louis XVI jusqu'à la République absolue. » Celle-ci en établit-elle des impôts pour nourrir ses fonctionnaires qui à cinquante ans bien retraités, après des journées de huit et même de six heures, se retirent à la campagne ; ils y vont à la pêche ou à la chasse à côté de pauvres diables d'ouvriers agricoles, attelés toute l'année, quelquefois seize heures par jour ; et en perspective, pour la vieillesse, des assurances sociales de quelques sous ! Voilà une des causes de la désertion des campagnes. Ces retraités fainéants et repus n'ont-ils pas honte ? Ils sont nourris par le travail des autres. Parlez-nous des belles, des joyeuses retraites d'autrefois. Parlons-en. Elles étaient honorables.

Il y a cinquante ans ou à peu près un ouvrier

français de très bonne humeur, parce qu'il était vaillant, gagnait ses quatre francs par jour. Quelqu'un lui dit : « Avec ça vous ne pouvez pas aller bien loin! » Il répondit : « Détrompez-vous; nous vivons bien ma femme et moi; en plus j'acquitte une dette et je mets de l'argent à la banque! » Il s'expliqua. En entretenant son vieux père à son foyer il payait sa dette, et en élevant ses enfants chrétiennement, il assurait bien mieux son avenir qu'à la banque dont les gérants prennent la fuite ou finissent par la faillite.

Seconde invention de Montesquieu : la séparation des pouvoirs.

> Dans un chemin montant, sablonneux, mal aisé
> Et de tous les côtés au soleil exposé,
>      Six fort chevaux tiraient un coche.

On sait le reste, l'histoire de la mouche; ce qu'on ne sait pas, c'est celle d'un président à mortier du Parlement de Bordeaux qui rencontre le fameux coche. Ce grave magistrat, sans en être nullement prié, prend l'initiative de donner son avis sur la façon de conduire la machine. Il est partisan de la séparation des pouvoirs. Six chevaux dans le même sens, voilà qui est absurde! deux seulement devant, deux autres derrière en sens contraire, enfin les deux derniers perpendiculairement du côté de la roue, *ad libitum*, à droite ou à gauche. Le plus rustre paysan de la contrée qu'en pensera-t-il? qu'en dira-t-il? « Monsieur le Président, allez-vous-en aujourd'hui tout droit à Cadillac! » (maison de fous, près de Bordeaux).

Ce qui frappe en 1791-92, c'est bien cette division des pouvoirs prise sur le fait; on ne voit d'autorité nulle part, la faiblesse partout, et partout le désordre précurseur des grands crimes. Aujourd'hui la prétendue division, inscrite dans la Constitution de 1875, n'existe pas pratiquement. Les ministres sans scrupules mènent tout avec l'argent que la Chambre des lords leur envoie, ils font élire comme députés et sénateurs leurs créatures qui votent seulement les lois que veulent ces ministres. Quant aux juges, leurs nominations dépendent aussi exclusivement des ministères. Ainsi est reniée pratiquement la décision infaillible du sage Montesquieu; ainsi est-on revenu à ce pouvoir absolu tant maudit chez nos bons rois! Monarchie absolue, c'est inexact; République absolue, cela est vrai.

Avez-vous lu les deux chefs-d'œuvre de l'incomparable président à mortier du Parlement de Bordeaux? Non, n'est-ce pas; il n'y a pas en effet beaucoup de gens aujourd'hui à s'en régaler. Moi, j'ai eu la patience de lire son *Esprit des Lois* et ses *Causes sur la Grandeur et la Décadence des Romains* [1]. Franchement, ils m'ont ennuyé; on les a trop vantés avant 89. Je ne m'étonne pas qu'après les avoir travaillés bien des années, Montesquieu ait tant hésité à les lancer. Les prétendus philosophes du XVIII^me siècle avaient-ils fait leur philosophie? Leur bagage en cette matière était plus que léger;

---

1. M. Lanson trouve que cinquante pour cent de ce que Montesquieu a écrit des Romains il l'a tout simplement emprunté... à Bossuet.

surtout d'assez mauvaise qualité ; au lieu d'irré-
prochables et féconds syllogismes, ces philosophes servent souvent, les uns et les autres, de
sots mais prétentieux sophismes, tels ceux du
plus grave d'entre eux, de l'illustre président
Montesquieu. Nous en avons vu les échantil-
lons.

**
*

Connaissez-vous Denis Diderot, le fils du cou-
telier de Langres, Didier Diderot ? Envieux, bassement envieux des nobles, les tragédies du
XVIIme siècle où ils figurent lui donnent des
cauchemars ; il invente le drame bourgeois où
l'on voit Toinon, Catin, Madelon et leurs équi-
valents. Acharné au travail, mais pour faire le
mal, il monte à grands frais avec un fils adultère
de la Tencin, d'Alembert, une très fameuse
machine de guerre contre l'Eglise qu'ils ont pom-
peusement décorée du titre d'*Encyclopédie*. On
y trouve, entre autres merveilles, une savante
définition de la vie, une définition lapidaire :
*La vie est le contraire de la mort....* Qui lit
aujourd'hui cette savante *Encyclopédie ?* Personne.

Bassement adulateur de la czarine de Russie
qui lui a donné plus d'argent que la maçonnerie
de Londres, Diderot, selon un de ses amis, est le
plus catherin des philosophes. On cite de cet
énergumène cette parole typique : « Je voudrais
étrangler le dernier prêtre avec les boyaux du
dernier roi. » Voilà un des grands préparateurs
de la Révolution française.

Jean-Jacques Rousseau, le sophiste de Genève, est un cerveau moyennement dérangé qui dogmatise. « Mais, dira-t-on, il n'était pas constamment fou. N'est-il pas le premier qui a fait éclater l'admirable sentiment de la nature? Ne doit-on pas le regarder comme l'aïeul du romantisme? » Tout ce que l'on voudra; mais va-t-on recueillir son aliment au milieu des plantes vénéneuses ou sur le bord d'un cloaque? Vraiment, et ce sera à pareilles choses qu'il faudra comparer les écrits de Jean-Jacques? A quelque chose de pire; combien de criminels ont-ils poussé à la folie ou à d'affreuses révolutions!

Du reste, connaissons mieux cet auteur que la troisième république a couvert de lauriers dans ses écoles primaires et qu'elle propose sans doute comme exemple aux enfants de notre peuple français.

Le bonhomme Rousseau très zélé pour l'instruction des autres, qui dans ce but a écrit son *Emile*, n'a pas pris la peine de donner aux siens, à ses cinq enfants et à sa digne compagne, le minimum des connaissances convenables. Il envoie d'abord tous ses fils aux Enfants trouvés; il aura ainsi les loisirs pour s'occuper de la nature et décrire des levers de soleil; quant à sa Thérèse, elle est si férue d'orthographe élémentaire qu'elle lui écrit tout bellement : « Mon cher Gangaque », au lieu du simple « Cher Jean-Jacques! »

Il est certain qu'avec ce peu de soin des siens, Rousseau n'a pas joui des consolations que donne d'abord le devoir accompli et par surcroît de la vive reconnaissance d'une famille nombrcuse, péniblement élevée à la ville ou à la campagne. Et c'est ce père dénaturé qui a été longtemps l'idole de l'école laïque! Il savait faire de la phrase, balancer les périodes, y appliquer l'ocre, le bleu de Prusse, le cramoisi, mais pas gagner, le fainéant, du pain pour ses enfants. Quand on est intelligent, on refait sa propre éducation. Triste Gangaque!... Et c'est cet homme mal équilibré qui est devenu le grand législateur des nations modernes, quelqu'un qui ne savait pas même gagner sa vie! Assez de ce sophiste, de ce cuistre et de son éloquence. Il y a mieux.

Si nous sommes logiques, nous enlèverons, nous arracherons de nos bibliothèques pour la jeter au feu toute la série des ouvrages du dix-huitième siècle, sans en excepter le *Vert-Vert* de Gresset. Le peu de bon que l'on trouverait dans cette versification ou dans cette prose, on le rencontre amplement dans des centaines d'autres volumes. Le pire poison n'est pas celui du cœur qui excite la passion éphémère que suivra sans trop tarder la honte, une honte salutaire. Le pire poison, c'est celui de l'esprit qui amène infailliblement à la folie, à l'irrémédiable folie. Les livres du dix-huitième siècle qui, assez heureusement passent de mode aujourd'hui, distillent le poison de l'esprit dans la plupart de ces œuvres prétendues scientifiques ou littéraires. Avons-nous expurgé notre bibliothèque de ces ouvrages malsains? Allons-y de ce pas, ne remettons pas à demain cette sage opération. Aidons même nos amis à pareils autodafés. La France doit être débarrassée de cette peste, de ces livres que Londres a inspirés.

Beaumarchais, fils d'un horloger, ajoute à son nom la particule nobiliaire, mais pas plus que ses parents jamais il ne s'était soucié de prendre les armes pour soutenir une bonne cause. Cet écrivain s'occupa aussi de commerce avec les Etats-Unis qui le trompèrent au moment de l'Indépendance. C'était un homme méprisable que cet auteur du *Barbier de Séville* et du *Mariage de Figaro*. Ce franc-maçon, emprisonné un moment, se sauva de la guillotine; il n'était pas assez compromis, ce caractère fat et léger!

Turgot, un échappé de séminaire comme Diderot, fit sans doute par ordre, un mal considérable à la monarchie par des économies mal entendues. Avec ses imitateurs qui supprimèrent sous l'inspiration des loges les brillants et braves régiments de la maison du roi, ils préparèrent l'isolement de Louis XVI et de la famille royale, qui eurent seulement quelques centaines de suisses pour se défendre dans les journées du 20 juin et du 10 août. Entouré comme auparavant de sa vaillante noblesse, qui eût osé rien entreprendre contre le roi? Convenons-en, tout était préparé; les ordres venaient de Londres à la maçonnerie.

*<br>**

Voltaire, que nous avons vu trois ans en Angleterre s'initier à l'esprit maçonnique et s'en gorger comme une dangereuse vipère, sera fêté à la loge des Neuf-Sœurs, au commencement de 1778, l'année de sa mort; elle arriva le 30 mai, précisément le jour anniversaire du martyre de sainte Jeanne d'Arc. Au lieu de raconter une fois de plus les derniers moments de cet énergumène qui a fait tant de mal à la France, faisons une réflexion pour le mettre à sa place.

Comme Victor Hugo, son émule en orgueil, Voltaire a paradé dans tous les genres d'athlétismes littéraires : tragédies, comédies, histoire, poème épique, philosophie.... Mais où Voltaire l'emporte de beaucoup, de presque tout sur son rival, c'est dans la correspondance, une correspondance formidable, capable de satisfaire le plus glouton, le plus goinfre en fait de pâtisserie épistolaire. « A moi le pompon ! » peut crier Voltaire. Dix mille, rien que dix mille lettres !... Cela rappelle une joyeuseté méridionale.

A la fameuse et vieille Université de Montpellier, rivale de celle de Paris, circule depuis longtemps, depuis Rabelais peut-être, de pantagruélique mémoire, un certain journal des étudiants, la terreur des professeurs. Combien d'entre eux d'une compétence tout à fait merveilleuse ont reçu l'éclaboussure du redoutable véhicule de la gaîté montpelliéraine ! Cependant un professeur suréminent, dont la renommée universelle, les riches qualités de l'esprit et du cœur avaient fait depuis de très longues années la vraie idole de l'Université, avait échappé grâce à son prestige aux atteintes du malicieux organe des étudiants.

Tout à coup la ville entière est en émoi. Un insolent, un vrai profanateur a osé toucher à l'éclatante réputation du docteur Grasset !... Et on ne s'est pas borné à le plaisanter sur ses loignons ; on badine sur sa barbe limoneuse et on attire l'attention méchante des carabins et de leurs congénères sur un détail qui rappelle tout à fait les boules sulfhydriques. On dit Grasset atteint de... diarrhée littéraire, et ce parce qu'il avait publié quatre cent quatre-vingt cinq mémoires scientifiques, beaucoup de tout premier ordre ! On cherche de tout côté le mauvais plaisant qui est allé jusque-là ; et après d'innombrables investigations on finit par découvrir que... c'est Grasset lui-même qui s'est mis en scène de si belle façon....

Marchant sur ces brisées, comment à leur tour nos spirituels étudiants de Paris nommeront-ils la gigantesque et titanique dyssenterie du fameux épistolier Voltaire? Dix mille lettres ! et combien mal odorantes !... Les lettres du grand siècle et celles de Veuillot ont un autre parfum.

Brûlons toute la poésie et la prose de Voltaire avec les écrits de corruption du dix-huitième siècle.

Vraiment si nous n'accablions pas du dernier ridicule, du plus insigne mépris et des plus odieuses malédictions tous ces écrivains qui ont prostitué leur plume et, véritables traîtres, préparé nos révolutions pour le compte d'une oligarchie étrangère et criminelle, nous serions des malheureux qu'aurait déjà atteints le mal abrutissant du crétinisme ! Ayons au cœur ces haines vigoureuses que doit donner le vice aux âmes vertueuses. Voilà qui prépare aux grandes actions. « On peut, a dit Foch, dans la mesure que l'on connaît », ajoutons « dans la mesure où l'on abhorre ! »

# CHAPITRE V

## Préparation prochaine de la Révolution

Mais les Anglais, c'est-à-dire la Chambre des lords, qui pense profondément, ne s'est pas contentée de préparer de loin notre révolution en employant des sophistes à la perversion de l'esprit public; heureusement ce n'eut pas le grand succès que l'on a dit. Elle lança pareillement de sinistres comédiens aux plaisanteries que l'on pouvait croire spirituelles en vue de ruiner le prestige des classes dirigeantes, ce qu'elle n'obtint non plus que dans la lie du peuple. Elle établit l'espionnage qui livre les secrets et dans les guerres fait perdre les batailles. Enfin elle exerça une action directe mais cachée sur les services publics, pour en fausser l'excellent fonctionnement et en amener peu à peu la complète désorganisation.

Qu'y a-t-il de plus évident sous le règne de Louis XV que l'action de la maçonnerie sur les parlements? Le cas de Montesquieu est-il isolé? C'étaient des forteresses puissantes de la monarchie; l'Angleterre n'a-t-elle pas travaillé avec acharnement et succès à se créer des amis dans la place? On ne peut en douter en voyant la lutte qui semblerait bizarre des parlements contre la royauté. Tandis que la défense de nos colonies suscite dans les Indes et le Canada des héroïsmes qu'on n'avait presque jamais vus, le parlement de Paris s'oppose avec une criminelle opiniâtreté à l'établissement de taxes modérées qui doivent fournir les hommes et les armes indispensables. Pendant ce temps, l'Angleterre envoie renforts sur renforts. Les parlementaires causèrent ainsi les désastres de la guerre de Sept-Ans et les hontes du traité de Paris signé en 1763.

Les historiens, amis de la superficie, ont beau jeu d'attaquer Louis XV et ses favorites, de tout expliquer par des intrigues de boudoir. L'esprit averti voit la relation naturelle entre le jeu du parlement qui coupe le nerf de la guerre et les malheurs de celle de Sept-Ans. L'Autriche commence à soupçonner la maçonnerie dans ses défaites de la fin de cette guerre.

En tout cas le chancelier Maupeou qui en 1770 débarrassa Louis XV de l'opposition des parlements fit une œuvre très considérable. S'il l'eût accomplie quinze ans plus tôt, la guerre de Sept-Ans aurait eu une autre issue.

Maurepas fut le mauvais génie de Louis XVI en lui faisant rétablir ces cours factieuses qui amenèrent alors directement la révolution. Entre les parlementaires qu'elle envoya à l'échafaud, il y en eut d'honorables, mais on peut croire que certains francs-maçons furent relégués dans l'autre monde parce qu'ils en savaient trop. Après tout, il vaut encore mieux travailler pour le roi de Prusse que pour le roi d'Angleterre ; le premier vous paye en monnaie de singe ; l'autre, après quelques sous avarement donnés, vous expédie dans l'éternité pour vous fermer la bouche. Y ont-ils bien pensé ces traîtres qui nous gouvernent à certaines époques pour le compte de l'Angleterre ?

Tandis qu'elle mettait en mouvement sa maçonnerie dans les parlements pour nous faire perdre à l'extérieur les plus belles colonies, elle lui faisait accomplir en France une lamentable offensive sur la question vitale de l'enseignement. Le parlement de Paris condamnait la Compagnie de Jésus, et Choiseul supprimant tous ses Collèges joignait à Rome ses instances à celles de Pombal et d'Aranda pour obtenir du Saint-Siège l'abolition complète du meilleur rempart alors de l'Eglise catholique. On ne peut le nier : les splendeurs de notre grand siècle nous les devons en très grande partie, disons le mot, en totalité à la Société de Jésus. A côté des aigles incomparables de la littérature : Molière, Corneille, Bourdaloue et Bossuet qui sont leurs élèves, on voit toutes les célébrités de l'époque, dans tous les genres, formés dans leurs Collèges ou dans ceux de leurs rivaux chez lesquels leur exemple avait produit la plus louable émulation.

La Chambre des lords ne s'y était pas trompée ; elle travailla par sa maçonnerie à l'extinction complète de la Compagnie de Jésus, connaissant bien ce que les études allaient perdre par la fermeture de leurs Collèges. D'ordinaire la décadence des études amène promptement dans un pays un certain abaissement des caractères. Est-il vrai qu'en France et dans les nations latines on ait pu constater dès lors, dans un certain nombre de familles, ce fléchissement dans les intelligences et par suite dans les volontés, prévu et voulu par ceux qui pensent profondément de l'autre côté de la Manche?

Ce coup de force renouvelé en 1880 a produit le même déplorable effet. Auparavant les Jésuites dans leurs Collèges avaient formé nos grands aigles de la guerre : Foch et Castelnau.

Par suite de la vaillante offensive de la Drac et des résultats très appréciables des Unions catholiques, la maçonnerie anglophile n'a pu attaquer directement nos Collèges; elle le fait indirectement, d'une manière sournoise, aujourd'hui par l'Ecole unique qui privera notre industrie nationale de ses généraux, mais qui remplira les loges de sans ressources intelligents et haineux. Elle le fait aussi d'après les ordres venus de Londres par son action relative au baccalauréat. Cette question extrêmement grave, nous la traiterons un peu plus loin.

Que fit en dernier lieu la Chambre des lords pour préparer la révolution?

L'Angleterre s'attaqua à notre industrie nationale qui était dans son ensemble la plus belle et la meilleure du monde.

Grâce à sa puissante organisation, la perfection de nos produits amenait un écoulement facile qui enrichissait nos artisans et tout notre pays. L'ex-abbé Turgot attaque les jurandes et les maîtrises qui assuraient la perfection de ces produits, il travaille à désorganiser les corporations, ces puissantes sociétés de secours mutuels qui assuraient les ouvriers contre tous les risques ; et c'est l'infortuné Louis XVI, trompé par cet idéologue, qui endosse l'odieux de ces mesures contraires aux intérêts de l'ouvrier.

En dernier lieu, on constate l'action des valets de l'Angleterre sur l'armée. En dehors de la suppression des régiments du roi, les plus terribles de tous par le sentiment de l'honneur sur les champs de bataille et dont les valeureux officiers mis en congé furent naturellement extrêmement offensés, on voit l'introduction dans l'armée des châtiments corporels, entre autres les coups de plat de sabre. « Du sabre je n'aime que le tranchant ! » répondit fièrement un grenadier au moment où on allait le lui appliquer. Ces mesures odieuses étaient destinées aussi à détacher le soldat de son roi.

Et quel fut l'effet des brochures lancées par les colporteurs parmi les sous-officiers pour leur inspirer la haine et le mépris de leurs chefs ? Le sergent Bernadotte, monté plus tard sur le trône de Suède, portait au bras droit en tatouage l'inscription : « Mort aux rois ! » Engagés dans la maçonnerie ils montèrent rapidement de grade en grade. Ceux qui sous Napoléon arrivèrent au maréchalat reçurent de lui de superbes dotations ; mais les liens anciens qui les unissaient à la maçonnerie, simplement relâchés sous l'Empire sans être absolument rompus, servirent à l'Angleterre en 1814 et 1815 pour les amener à la trahison contre Napoléon. Les maréchaux, on les retrouve en 1830 instruments de la maçonnerie pour introniser et couronner Louis-Philippe, au lieu des ministres de la Religion, lorsque l'Angleterre eut jeté à bas l'indocile Restauration, victorieuse en Algérie.

Nous le redisons, une grande révolution est une grosse entreprise qu'il faut préparer de longue date et par tous les moyens, si on veut qu'elle aboutisse. Qui coordonnera ces moyens, qui versera des sommes considérables pour payer les complaisances et les complicités? Des gens riches, formés en trusts et corporations, grandement intéressés à l'affaire et la voulant à tout prix.

Oui ou non, la Chambre des lords a-t-elle fait notre Révolution? Il n'est plus permis d'en douter. Nous avons amplement réfuté les objections tirées de l'histoire prétendue scientifique, quand nous avons montré ce qui est l'essence même des sociétés secrètes qui se sont vantées d'avoir fait 89 : non seulement l'absence, mais la destruction de tout document. Ce n'est donc pas à la lueur de quelques papiers, mais à la lumière éclatante des faits dont la convergence est facile à montrer lorsqu'une étude très profonde en a amené l'importante découverte, que nous avons établi notre thèse qui est une thèse décisive en histoire. Elle est un puissant faisceau lumineux projeté sur les ténèbres voulues de cette époque et qui éclaire la scène, les coulisses et jusqu'aux trappes ménagées dans le sol.

Et maintenant des sept parties qui forment le vrai discours il reste à présenter la confirmation et finalement la conclusion ; la conviction sera entièrement faite. Alors les résolutions, les résolutions à la française de Foch et de Castelnau seront tout à fait de saison.

Demandez à qui que ce soit qui ait lu l'histoire quelle fut la passion dominante de Napoléon, presque tous répondront : l'ambition. Un examen plus approfondi modifiera absolument notre opinion et nous dirons alors : « C'est la haine à mort de l'Angleterre ». C'est cette haine qui lui a dicté en effet presque tous ses actes politiques ; nous allons le montrer.

La Législative avait fait la folie de déchaîner la guerre, une guerre de vingt-quatre ans qui se terminera en ramenant un empire de cent trente départements aux limites de 1790.

La Convention menée par la maçonnerie anglophile avait décapité le roi. Puis le grand pontife en France de la Révolution, Robespierre, avait commencé peu de mois après à expédier à la guillotine avec des nobles, des prêtres et des gens du peuple qu'il immolait à la haine de l'Angleterre, un premier groupe de conventionnels qui en savaient trop, les Girondins, et cela afin de leur fermer la bouche pour toujours. La Terreur poursuit son cours ; en même temps monte à l'échafaud la seconde fournée de conventionnels qui avec Danton sont accusés de modérantisme ; la vraie raison, c'est afin qu'ils ne trahissent pas le secret maçonnique et ne révèlent pas que c'est la Chambre des lords qui a préparé et conduit de sa City de Londres toute la révolution. Philippe-Egalité, qui en savait plus que les autres puisqu'il était le Grand-Orient de France, ne tarde pas à être guillotiné pour la même raison.

Les Conventionnels observaient ces menus faits. Barras, Tallien, Legendre, Fréron et leurs complices qui en savaient, et même beaucoup, se demandèrent tremblants : « A quand notre tour? Quel jour Robespierre nous envoie-t-il de la part de l'Angleterre à la guillotine? » La peur les décide, ils préviennent le moment et font le 9 thermidor. Ce sont eux qui mettent hors la loi, aidés des modérés, les deux Robespierre, Saint-Just, Couthon le cul-de-jatte, toute la municipalité jacobine ou Commune de Paris, enfin Carrier et Fouquier-Tinville, l'accusateur public. Les thermidoriens naturellement se montrèrent fermes ; ils réprimèrent toutes les tentatives des jacobins ; ils firent condamner à la déportation, après la suppression du tribunal révolutionnaire, et sans jugement, les ex-terroristes. Appuyés par l'esprit public et les sections modérées de la garde nationale, ils firent arrêter Billaud-Varenne, Choudieu, Collot d'Herbois, Duhem, Barrère et Vadier. Le faubourg Saint-Antoine menacé de bombardement dut livrer ses canons. Des montagnards se tuèrent, d'autres furent guillotinés.

Les affaires de la Chambre des lords en France, qui depuis six ans allaient si bien, commencèrent à mal marcher ; elles vont bientôt prendre dans la déroute le pas accéléré.

Bonaparte, âgé de vingt-sept ans, était lié avec Robespierre jeune. Emprisonné en même temps que lui, il dut entendre ce diable répéter la parole de Charette : « Voilà où m'ont conduit ces gueux d'Anglais ! » Il s'en fallut de peu que la tête de Bonaparte ne roulât le lendemain auprès de celles des Robespierre. Reconnu innocent après dix jours de détention, il sort de prison, on le devine, avec quelle haine de l'Angleterre, de cette Angleterre qui armait les Français les uns contre les autres, et à la fin détruisait même ses partisans pour leur fermer la bouche.

Les thermidoriens qui ont formé le Directoire intensifient la guerre contre l'Angleterre qui avait voulu les envoyer à l'échafaud. Ils envoient Bonaparte en Egypte, non pour se débarrasser de lui mais pour intercepter la route des Indes d'où l'Angleterre retirait tant de richesses et les moyens de continuer la lutte.

Cependant les affaires du Directoire vont de mal en pis. Bonaparte trompe la vigilance de la flotte et des croisières anglaises. Qui lui aide le 18 brumaire à s'emparer du pouvoir? Les thermidoriens du Conseil des Anciens; ils soutiennent avec vigueur ce général qui s'est illustré en Egypte contre l'Angleterre et prendra tous les moyens que peut inventer le génie pour abattre cette ennemie de la France et de l'humanité.

Que dire du règne de Napoléon? Ce qui en fait certainement l'unité, ce qui l'explique tout entier, c'est la lutte, une lutte acharnée, une lutte à mort avec l'Angleterre.

A peine la paix d'Amiens est-elle signée, Napoléon recommence la guerre parce que l'Angleterre n'a pas rendu l'île de Malte aux Chevaliers de Saint-Jean de Jérusalem. Quelle entreprise audacieuse que le camp de Boulogne!

et cette citadelle d'Anvers, ce pistolet sur la gorge de l'Angleterre!... Napoléon a toujours déploré le désastre de Trafalgar qui l'a empêché d'envahir ce pays ennemi et de faire égorger à Londres la milordaille par sa garde consulaire. « Ah! ce Villeneuve! »

Sur le radeau du Niémen Napoléon attend le czar Alexandre. Celui-ci qui connaissait la pensée intime de l'empereur s'approche en disant : « Sire, je hais les Anglais autant que Votre Majesté! » — « Eh bien! la paix est faite », lui répond Napoléon en lui tendant la main. Alexandre savait parfaitement que l'Angleterre avait fait assassiner son père, Paul Ier.

Ne pouvant envahir les îles Britanniques, n'ayant pas comme Louis XVI de brillants officiers pour lui former une marine, Napoléon adopte une mesure gigantesque telle que pouvait seule la concevoir et la faire exécuter un homme d'un si grand génie. Il lance de Berlin le fameux décret du Blocus continental qui ferme tous les ports du continent au commerce de l'Angleterre, afin d'amener la ruine de la nouvelle Carthage. On s'imagine d'abord que des forts ou des batteries tiennent ses vaisseaux à distance. Il n'en est rien. Au contraire, on leur laisse débarquer les marchandises, et quand elles passent à la douane, on y fourre le feu. L'Angleterre y a fait des pertes énormes ; elle s'en ressent encore, car plusieurs familles de sa Chambre des lords s'y sont ruinées.

Et pourquoi les dissentiments et la rupture avec le Saint-Siège? Parce que le Pape ne voulait pas fermer ses ports au commerce anglais.

Pourquoi même la guerre d'Espagne? Qu'allait

y chercher Napoléon? Des hommes et de l'argent pour combattre l'Angleterre qu'il estimait aussi ennemie de l'Espagne que de la France. Et qui fut le mieux inspiré du roi Charles IV qui admirait Napoléon, ou de son fils Ferdinand VII payé avec quelle monnaie par la Chambre des lords à laquelle, aux guérillas, il avait immolé les soldats français? Après avoir criblé de ses boulets la fameuse porcelainerie de Séville, puis la ville de San-Sébastian, l'Anglais ne permit pas à l'ambassadeur d'Espagne d'assister au Traité de Vienne. Il prêta ensuite aux colonies américaines l'argent nécessaire pour secouer le joug des Espagnols.

Pour comble, vingt ans après commence le 93 espagnol. En 1835, pour affermir le trône d'Isabelle II, on éventre à Madrid les moines dominicains et franciscains puis on les jette par les fenêtres. Par bonheur le ministre, général Nárvaez, vient à savoir que c'est l'ambassadeur de Sa Majesté britannique qui paye et organise ces forfaits. Nárvaez écrit à Palmerston de rappeler immédiatement son ambassadeur. Le ministre de la Chambre des lords lui répond qu'il n'en fera rien. Alors le général fait arrêter l'ambassadeur, lui signe ses passeports et après lui avoir flanqué le pied au derrière le fait conduire à la frontière. Le lâche Palmerston se garda bien d'envoyer sa yeomanry en Espagne s'essayer aux guérillas.

Plus docile à l'influence anglaise, le Piémont envoie son Cavour, le franc-maçon, s'entendre avec Palmerston pour détrôner le Pape et le réduire à une pauvreté voisine de la misère.

L'unité italienne se fait, l'Italie veut jouer à la grande nation. L'Angleterre lui sacrifie l'Autriche, mais non l'Allemagne à la France, elle lui remet une partie de sa dette, mais pas un sou aux autres débiteurs. L'Italie aura sa part quand la France étrillera la cavale anglaise ; elle sera à ses côtés.

C'est pour avoir rejeté le Blocus continental qu'Alexandre Ier se brouille avec Napoléon ; mais l'Angleterre avait mis les atouts de son côté en regagnant ses anciens amis, les sous-off. francs-maçons devenus maréchaux de l'Empire. Ils trahissent leur bienfaiteur et la France, Raguse le premier ; puis aux Cent-Jours c'est Grouchy qui amène le désastre de Waterloo en restant immobile au lieu de marcher au canon.

Qu'on pense ce qu'on voudra de Napoléon ; c'est par la lutte contre l'Angleterre, l'ennemie héréditaire, une lutte admirablement menée et qui nous a valu ensuite cent années de paix avec la gueuse britannique, que Napoléon mérite d'être compté après sainte Jeanne d'Arc, parmi les plus grands bienfaiteurs de notre France. Ah ! pourquoi n'a-t-il pas réussi ?

*
**

La Chambre des lords qui pendant l'Empire avait perdu les rênes de la maçonnerie française les a ressaisies à la fin ; elle précipite Napoléon du trône pour y faire monter un de ses vieux adeptes, Louis XVIII, par qui elle gouvernera la France. C'était préférable à la République et à l'Empire. Le maçon Descazes fait assassiner par son F∴ Louvel le duc de Berry à la sortie de l'Opéra; et tandis que le fils de l'héroïque Cathelineau est gratifié d'une maigre pension de douze cents francs, le gouvernement de Louis XVIII, qui l'aurait dit? fait une autre pension de douze mille francs d'alors, c'est-à-dire au moins deux cent mille d'aujourd'hui, à qui? à la sœur de Robespierre!... Mais où trouve-t-on ce détail? Dans l'histoire de l'héroïque Vendée.... Du reste, le voltairien Louis XVIII était aussi anglais de la panse que du cœur : douze côtelettes à la file ne faisaient pas peur à ce vieux franc-maçon, valet de la Carthage moderne.

Son frère Charles X ne se croit plus tenu en laisse par l'Angleterre. Pour venger avec le pavillon national quatre cents ans de piraterie, il entreprend la conquête d'Alger. L'ambassadeur anglais déclare s'opposer à l'expédition; il dit que ce sera le plus grand outrage que sa nation aura reçu de la France. « Nous nous en f... », lui répond notre ministre de la marine. L'agitation sur les Ordonnances, créée puis entretenue par la valetaille de l'Angleterre, la maçonnerie, éclate en révolution le lendemain de la conquête d'Alger. Marmont, chargé du commandement des troupes, les fait replier devant l'insurrection. Le duc d'Angoulême dit à ce Raguse aussi franc-maçon : « Tu nous trahis aujourd'hui comme tu as trahi l'autre! » La main de l'Angleterre, de la Chambre des lords, est-elle encore ici?

Le fils d'Egalité, l'ancien prétendant au trône de Louis XVI, va recevoir en 1830 ce qui avait été promis à son père. Il est intronisé et couronné, on l'a dit, par quatre maréchaux, francs-maçons, qui ont trahi Napoléon. L'Angleterre a trouvé son docile domestique, Louis-Philippe. En 1833, le huguenot de Nîmes, Guizot, aux ordres de Sa Majesté britannique, établit le curé laïque, l'instituteur, dans chaque commune pour enseigner en face du curé catholique. Ses prédications communistes et anarchistes, dans beaucoup de cas, prépareront le nihilisme avec le temps, comme en Russie. Thiers en 1840, à propos de la question d'Orient, fait fortifier Paris ; cela déplaît à la nation anglaise qui commande de le remplacer par le très fidèle Guizot ; ainsi fut fait et sans tarder. C'est l'Angleterre qui gouverne la France.

Tout de même, la famille d'Orléans se ressent dans sa fortune de la saignée de 450.000 livres que le fameux Egalité y a faite à l'époque de la Révolution. Les députés de 1830 se refusent, dix-huit ans durant, de voter une dotation de un million à chacun des fils de l'économe roi-bourgeois Louis-Philippe. Il en est réduit aux mariages espagnols pour leur donner du pain ; mais il n'a pas demandé l'avis de la Chambre des lords qui le flanque à la porte en 1848.

« Mais, dira-t-on, il reçoit un asile à Claremont, en Angleterre ? » Oui, à peu près comme la noblesse de Quiberon en 93, et Charles X en 1830! L'hypocrisie, en même temps que la trahison et la cruauté, afin de donner le change et continuer à tromper les Français incapables de pareilles combinaisons ; même y croiront-ils quand on leur en démontrera la réalité?... Allons, ne soyons plus, ne disons pas si honnêtes, il faut toujours l'être ; ne soyons plus si candides, si naïfs, si bons... enfants, si peu entendus en politique et diplomatie.

Le cauchemar de la France en 1848 trouble cependant le paisible sommeil de la Chambre des lords qui lui a inoculé cette fièvre. Avez-vous jamais compris le règne de Napoléon III, qui ira finir aussi ses jours en Angleterre et dont le fils périra sous les zagaies des zoulous... anglais ?

Chose incroyable, presque inconcevable, le neveu de l'autre qui, pendant quinze ans, a donné tant à faire à l'Angleterre mais qu'elle a enfin saisi et relégué à Sainte-Hélène, ce neveu ne pourra-t-on pas le domestiquer et l'employer ensuite, chien fidèle, au service de qui dispose du trône de France, de sa fortune et de son armée ?

Justement le *carbonaro* Louis-Napoléon, depuis son entrée déjà ancienne dans la maçonnerie et avec sa tendre dévotion à Vénus bien connue, est l'homme de toute confiance ; voilà celui qu'il faut afin de corrompre peu à peu la France ; voilà aussi l'homme pour l'unité italienne ! Et par la grâce de Victoria, mère du sadique Édouard VII (ainsi connu à Paris, sa seconde capitale), Louis-Napoléon, qui ne s'est préparé à régner que par des complots, monte d'abord à la Présidence de la République puis devient Empereur des Français afin d'accomplir les ordres et mandats de la Chambre anglaise.

Première expédition considérable : la guerre de Crimée contre la Russie ennemie de l'Angleterre mais qui a toujours souhaité notre alliance et amitié. Plus de Français que d'Anglais sont morts devant Sébastopol ; presque aucun de ceux qui en sont revenus n'a duré vingt ans de plus, rapport, comme on dit en France, à ce qu'ils y ont souffert. Qu'a retiré notre patrie de cette guerre terrible? Pas un pouce de terrain : rien. C'était pour l'Angleterre.

En 1858 Napoléon III fait, avec la guerre à l'Autriche, l'unité italienne, que son oncle, un des plus grands génies, n'aurait jamais voulue, pas plus que la funeste unité germanique. L'entente avec l'Autriche catholique, commencée sous Louis XV et soutenue de l'alliance avec l'ancienne Russie contre la Prusse et l'Angleterre, Napoléon III le petit ne l'a jamais comprise. Le valet de la vieille Victoria et de sa Chambre des lords a travaillé contre la France.

Après avoir laissé écraser l'Autriche à Sadowa de façon qu'il ne pourra pas compter sur elle, Napoléon le Petit, ainsi l'appelait Victor Hugo, va se mesurer avec ses pauvres mitrailleuses contre le canon à longue portée des Prussiens, avec ses généraux et colonels de salon qui n'entendent rien à la manœuvre, avec l'état-major de Moltke.

Napoléon III va finir ses jours au milieu de ces lords hypocrites qu'il a toujours servis et qui ont refusé à Thiers la moindre démarche en faveur de la France vaincue. Ils étaient heureux de la voir humiliée, notre France, par cette Prusse avec laquelle l'Angleterre s'était donné la main pendant trois siècles.

Mais qui assurera davantage encore à la Chambre des lords sa main-mise sur la France commencée depuis un siècle et lui en procurera avant peu, prochainement, la paisible possession? Ce seront les funestes divisions qui ont toujours perdu notre pays depuis César. Il l'a déclaré dans ses *Commentaires* : jamais il n'aurait pu s'emparer de la Gaule s'il n'avait su y entretenir la division.

*<br>* *

La France avait en 70 des monarchistes légitimistes et orléanistes, des partisans de Napoléon et quelques républicains sans le sou. Par suite des désastres inouïs de l'empire, Gambetta, les cinq Jules et Freycinet s'étaient emparés du pouvoir le 4 septembre. Ils organisent la résistance en province et envoient la garde mobile à l'ennemi chaussée de souliers de carton et pendant un hiver qui longtemps a fait époque.

Qui a étudié la guerre de 70? En France, peu de personnes. Il y a tout de même deux faits intéressants.

Parmi les rares généraux d'alors, capables de conduire des armées et de manœuvrer avec succès devant l'ennemi se trouvait d'Aurelle de Paladines. Chargé de l'armée de la Loire, il la disciplina d'une façon énergique et gagna sur les Bavarois la bataille de Coulmiers. Gambetta lui ordonne de marcher sur Paris. D'Aurelle répond qu'il a gagné la bataille sans doute, mais qu'ayant été rudement maltraité, il a besoin de quelques jours pour se refaire. Gambetta lui écrit : « Si vous ne marchez pas immédiatement sur Paris, vous êtes un traître! » Il part, est obligé de livrer en chemin une nouvelle bataille qu'il n'avait pu préparer; il est défait à Beaune-la-Rolande.

C'est alors qu'éclate la haute capacité de cet ingénieur de chemin de fer qui menait la guerre, de Freycinet, le lieutenant de Gambetta. Cette armée de la Loire qui venait d'être battue, il la divise en deux, pour la fortifier sans doute; il en confie un groupe à Chanzy qui reculera sur le Loir; l'autre, il en donne le commandement à Bourbaki, général de la garde impériale; et en plein hiver, avec une neige abondante, il l'envoie... débloquer Belfort. Bourbaki, malgré sa bravoure, ne peut rien faire, et au moment de l'armistice, par une distraction inconcevable ou, qui sait? quelque peu coupable, Jules Favre oublia de comprendre cette armée dans l'armistice, elle dut passer en Suisse. Désepéré, Bourbaki tenta de se faire sauter la cervelle.

Quand on n'est pas capable de mener des affaires considérables, dans des situations si graves, on n'a pas la présomption, l'orgueil de s'en charger. Il y avait à ce moment le comte de Palikao, le général Cousin-Montauban qui avait commandé dans la guerre de Chine. Un avocat déclamateur et un vulgaire ingénieur de locomotives s'emparent de tout. Que voulaient-ils?... Disons-le : trahir la France. Gambetta le savait et le sentait si bien qu'à peine la guerre finie il s'échappe en Espagne à San-Sébastian, s'attendant à se voir demander des comptes par l'Assemblée nationale et ensuite fusiller à bref délai. Quand il vit que cette Assemblée, qui ensuite vota la loi militaire de 1872 pour exciter tous les peuples à s'armer de la même façon contre nous, ne faisait rien, Gambetta revint. Avec l'argent de l'Angleterre il acheta un certain nombre de ces faux monarchistes plus ou moins francs-maçons qui établirent la troisième République, coupable de tant de forfaits. Pour payer des intérêts à l'Angleterre, Gambetta convertit le 5 º/º de l'emprunt de la guerre en 3 1/2.

Le 1er janvier 1883 la Chambre des lords récompensa à sa façon le traître qui l'avait si bien servie. Elle envoya une maçonne lui loger une balle dans le corps ; il en mourut quelques jours après. Ce déclamateur en savait trop.

*
**

A ce moment entre sur la scène politique un personnage que l'avenir rendra célèbre, Georges Clémenceau, le Tigre, le tombeur de ministères, un des grands chefs du parti radical. Plus tard il fonde l'*Aurore*, devient le chef du parti dreyfusard, et après l'empoisonnement de Félix Faure fera voter pour Loubet qui sanctionnera tout par inconscience autant que par faiblesse.

En 1907, Emile Flourens, ancien ministre des Affaires Etrangères, qui savait quelque chose, lança dans le public une brochure alors très peu remarquée. Elle était intitulée : *Edouard VII et Clémenceau.* Flourens, huit ans à l'avance, faisait entendre clairement le rôle que ce malheureux, bien peu fidèle à sa patrie, allait jouer pour le compte de l'Angleterre.

A-t-il fait du bruit Clémenceau ? Que de gens ont célébré ses mérites ! Même la bonne presse qui pendant cinquante ans lui avait fait une guerre sans merci, s'est inclinée devant lui uniquement parce que ce triste sire a dit par politesse et pour donner une ombre de consolation à son infirmière, Sœur Théoneste : « Ma Sœur, je ne vous défends pas de prier pour moi !... »

Clémenceau a été frappé au cœur par le livre de Recouly révélant, d'après Foch, une énorme faute commise par lui en 1918 [1]. Achevons de déchirer le voile qui cachait cette figure qu'on verra avec étonnement plus abjecte encore que sinistre. Une fois de plus, l'histoire sera ce flambeau que le passé met entre les mains du présent pour éclairer l'avenir. Après le concert de louanges, celui des malédictions.

Clémenceau était un vendéen, de la seconde espèce, non pas des blancs qui ont écrit une des plus belles épopées de notre histoire, mais de ces bleus qui ont trahi leurs compatriotes, — Charette s'en plaignit ; — ils livrèrent leurs parents et leurs amis aux douze bandes infernales de Westermann !

Le grand-père de Clémenceau, médecin, était-il du nombre de ces ignorants fustigés par Molière qui, pour avoir expédié au cimetière les premiers malades qui se sont confiés à eux, ne peuvent se former une clientèle, et pour avoir du pain se jettent dans la politique ?... c'est possible. Cependant ces nullités ne font pas meilleure figure là qu'au chevet des malades. Pour se pousser, quand on n'a pas de mérite, il n'est tel que de s'engager dans la maçonnerie où l'argent directement arrive de Londres.

Le grand-père de Clémenceau a-t-il trahi les

1. Son refus de recevoir au moment de l'armistice l'or que les Allemands effrayés nous pressaient d'accepter. « Ils vous payeront en monnaie de singe ! » lui dit alors le Maréchal.

Chouans pour le compte de l'Angleterre?... c'est tout à fait probable. Il fallait donner à la Chambre des lords des preuves de dévouement.

Et son père, victime du 2 décembre, était-il dans la loge où il aurait fait baptiser le louveteau et lui aurait donné le beau nom de Georges, vénéré en France par tous les anglophiles à l'égal de celui d'Edouard?... Constatez ces prénoms avec ceux d'Albert et de Camille (Desmoulins) dans un certain clan politique où l'on pourrait constater quelque sympathie pour l'Angleterre. Tout ceci est encore vraiment possible; mais ce qui est certain, comme nous l'avons déjà dit, c'est que Clémenceau, le brouillon de toujours, a reçu une pension du roi d'Angleterre durant *soixante ans*. — Et à quel titre l'a-t-il reçue?... [1]. Examinez son histoire, voyez si ce n'a pas été pour faire constamment les affaires de nos plus implacables ennemis, même et surtout au traité de Versailles!

Comment a-t-on su cette énormité? C'est le propre frère de Clémenceau qui a révélé ce détail sans aucune malice dans une conversation à une personne extrêmement respectable morte il y a huit ans. Il lui donna même la raison pour laquelle Clémenceau se levait tous les matins à trois heures pour faire des armes : elle ne fait pas grand honneur à sa moralité. L'a-t-il dit à Arcachon à d'autres personnes? C'est possible.

Si c'eût été un ennemi de Clémenceau qui eût

1. N'y a-t-il pas actuellement d'autres pensionnés de l'Angleterre? Et sont-ils parmi les socialistes ou les radicaux?

révélé ces détails intimes, on aurait pu en douter, mais son propre frère, et sans méchanceté, il y a trente-cinq ans !

On nous demandera : « Oubliez-vous les immenses services que nous a rendus Clémenceau pendant la grande guerre? N'est-ce pas lui qui a sauvé la France? »

Rendons hommage tout de suite et sans la moindre difficulté à sa haute intelligence, à sa fermeté indomptable dans les occasions critiques grâce à laquelle il musela le Parlement et surtout à sa puissance de travail réellement merveilleuse, et de jour et de nuit, qui a provoqué l'admiration de tous ceux qui l'ont approché, amis et ennemis, durant cette longue, cette interminable période. Si la France ne lui doit pas tout, absolument tout de sa victoire, elle lui en attribue avec justice une bonne partie. Il semblait même que Clémenceau eût noblement et complètement réparé par là tout le mal qu'il avait causé à la France jusque-là durant le cours de sa longue carrière politique.

Pourquoi faut-il qu'un doute pénible, cruel même, vienne planer lourdement ici sur ce qui fait précisément le grand mérite de nos œuvres, l'intention? Est-ce la France? est-ce l'Angleterre, son autre patrie sans conteste, que Clémenceau a servi pendant la guerre?

En tout cas, la nomination de Foch comme généralissime, dont il s'est modestement attribué la gloire, et qui est venue seulement quand les alliés ont été aux abois; en second lieu, le méchant ou imbécile refus des milliards que l'Allemagne épouvantée voulait absolument nous verser à l'armistice pour s'éviter l'invasion, et que l'Angleterre notre ennemie ne voulait aucunement nous voir encaisser, enfin les stipulations du peu avantageux, disons du désastreux traité de Versailles, dans lequel cet infaillible n'a pas souffert qu'un seul Français éminent lui aidât, nous démontrent avec clarté que nous devons lui être médiocrement reconnaissants ; il y fut le valet de la cruelle Angleterre et non le glorieux mandataire de la France. Pendant soixante ans, au témoignage de son frère, avait-il été pensionné pour trahir ou servir son pays?... Cette révélation, fameuse d'importance, explique tout.

Ne nous étonnons plus qu'il ait cherché l'obscurité, qu'il ait craint avec raison que toute la lumière se fît avant sa mort sur sa conduite peu glorieuse et qu'il ait refusé par avance des obsèques nationales. Cette révélation de Recouly sur le refus des milliards, juste au moment où l'Allemagne reniait en partie ses engagements, a frappé au cœur Clémenceau ; elle a précipité sa fin.

Et quelle abominable action digne d'un traître, cette flèche de Parthe qu'il aurait voulu peut-être empoisonnée, que son dernier livre, où lui le vendu entreprend de noircir ou tout au moins d'obscurcir la gloire si grande, si pure de notre incomparable Foch!...

Quant à dire que sans lui la France était perdue, irrémédiablement perdue, c'est pousser bien loin l'ignorance des ressources infinies de notre pays autant en hommes qu'en moyens d'action. Sur quarante millions de Français il n'y avait qu'un Clémenceau capable de sauver la situation? Allons, connaissons mieux nos grands compatriotes ; Lyautey, Pétain, Gouraud, Mangin auraient procédé mieux, infiniment mieux que lui. Ils auraient même secoué et bousculé ceux de nos alliés que l'on accuse d'avoir fait du commerce avec l'Allemagne par la Hollande, lui vendant des provisions, des munitions, et gagnant ainsi cet argent infâme avec lequel ils nourrissent aujourd'hui une partie de leurs dix-huit cent mille chômeurs. Ces grands généraux auraient plus tôt terminé la guerre, et à la paix, obtenu des conditions infiniment plus avantageuses ; croyons-le, c'est la vérité.

Conclusion : Clémenceau est un homme à oublier quoi qu'en disent ses lieutenants. La France qu'il n'a servie, osons le dire, qu'à cause de l'Angleterre, ne lui doit plus rien. Elle lui a prodigué assez d'honneurs au lendemain de l'armistice, le jour où nos troupes sont entrées à Paris. Faisons le silence sur Clémenceau ; effaçons de nos places et de nos rues son nom, celui de Gambetta et les noms des autres vendus que l'histoire a tardé trop longtemps à flétrir. La justice boîte ; elle arrive tout de même. Accomplissons ses arrêts.

*<br>**

Cependant Deschanel monte au pouvoir ; Poincaré parle alors de saisir l'Allemagne non pas à la gorge, c'est trop tragique ! simplement au collet pour la faire payer ; c'en est encore trop. L'histoire maçonnique du préfet de l'Eure, Barême, a une seconde édition ; Deschanel tombe du train. Cela ne plaisait pas à Londres.

Millerand qui le remplace est encore trop cocardier ; Herriot rudement l'en avertit. Millerand ne se le fait pas dire deux fois ; il descend précipitamment du fauteuil présidentiel dans les vingt-quatre heures, avant que l'ordre verbal venu de Londres ne le fasse aussi glisser du train.

L'histoire, a-t-on dit, est un flambeau que le passé…, on sait le reste. Donc avec ce flambeau on prévoit l'avenir, on peut le prédire avec assurance.

Un mien ami était hors de France à cette époque ; deux candidats se présentent alors pour le fauteuil présidentiel : Doumergue et Painlevé. L'avant-veille du jour de l'élection, ce mien ami dit à ses connaissances : « Je vous parie tout ce que vous voudrez que Doumergue sera président. » Deux jours après il en était ainsi. On lui demande comment il a deviné. « C'est bien simple, dit-il, la France depuis longtemps est un fief de l'Angleterre ; c'est le roi Georges et ses milords qui nomment Présidents et Ministres ; entre Doumergue protestant et Painlevé catholique quelconque, le choix n'est pas douteux : les protestants anglais nommeront le huguenot. » Pareillement, quand les radicaux arrivèrent au pouvoir, ce mien ami dit à ses connaissances : « Je vous parie qu'avant huit jours tel ministre sera à Londres. » Quatre jours après il y était. On demande à mon ami : « Mais, qu'est-il allé y faire ? » — « Y chercher un peu d'argent ; il a dépensé pour les élections tout ce que la Chambre d'outre-mer lui avait donné. » Chaque fois, elle donne peu. Il faut renouveler la provision pour gouverner.

Après le congrès d'Angers, le ministère Poincaré démissionne. Doumergue a l'air de consulter des hommes politiques ; son chauffeur et la cireuse de ses parquets viennent donner leur avis. Doumergue s'en moque bien ; il attend le bonhomme envoyé à Londres pour recevoir à ce sujet les ordres de Sa Majesté britannique et des lords. Pendant ce temps, le mien ami disait : « Poincaré reviendra, c'est l'homme de l'Angleterre. Il lui a obéi en tous points en faisant la stabilisation à quatre sous afin de ruiner le crédit de la France, qui de cette façon a fait la banqueroute des quatre cinquièmes. » Du reste, c'était la sommation des savonniers anglais de Marseille [1] qui avaient beaucoup de créances à l'étranger ; elles leur ont été payées en vieux francs de vingt sous (francs en or), et eux ont payé les ouvriers en francs papiers de quatre sous. Joli gain ! et pour faire vivre les chômeurs anglais.

L'Angleterre revalorisera sa livre afin que ses débiteurs ne perdent pas un centime et qu'ils conservent l'envie de lui prêter ; elle l'a déclaré par Lloyd Georges tout à fait au début de la guerre. Sachons donc ceux qui font malproprement nos affaires et envoyons les coupables à Cayenne ou à Nouméa.

Nobles de France, quand vous lèverez-vous pour écraser ces ennemis et nous en débarrasser, mais cette fois tout de bon, et pour toujours ! N'est-ce pas pire que Fontenoy ?

Il y a cinquante ans, on lisait un ouvrage inti-

---

1. Ils menacèrent de déclancher la grève si on ne leur obéissait pas.

tulé : *La Conjuration antichrétienne contre la France*. L'auteur bien renseigné y disait : - La puissance occulte qui n'a pas réussi en 93 par les moyens violents va s'y prendre d'une façon plus habile. Par la ruse, elle en est persuadée, cette fois elle aboutira. Qu'a fait la première république par les échafauds ? Elle a fait des martyrs. La seconde a fermé les ateliers nationaux à coups de canon. La troisième a fait des apostats ; elle a vidé à peu près beaucoup d'églises, autrefois si remplies, en ruinant la foi d'un grand nombre par les maudites écoles laïques ; elle a multiplié les maisons de prostitution, plusieurs payées par les préfets [1], afin de répandre la corruption et la syphilis ; elle a démoli des milliers et des milliers de foyers par de lamentables divorces ; elle a introduit le malaise dans les ateliers par la mauvaise éducation des enfants dégoûtés du travail avant de s'y mettre ; elle a paralysé en partie l'ancienne industrie nationale, la première du monde. Et maintenant avec les chagrins de l'âme, les peines de famille et la misère dont beaucoup sentent déjà les approches, la tuberculose, le cancer et même la lèpre attaquent de plus en plus la race française autrefois l'une des plus saines du monde ; elle aura peine à s'en défendre. L'aisance en effet abandonne les foyers appauvris par les impôts, surtout par les impôts indirects ; ils nous arrachent notre argent par toutes sortes d'extorsions à peine est-il gagné ; et dans quel but ? Pour nour-

1. Ceux qui tiennent celles-là l'ont dit à des ecclésiastiques.

rir des gens paresseux qui, après de courtes journées de huit heures et de quatre heures ont déjà à cinquante ans des retraites de vingt à trente mille francs. Dans les champs, le producteur, l'ouvrier agricole travaille sans vacances tous les jours de l'année, même le dimanche à cause du bétail, quelquefois des quatorze et des seize heures ; il ressent alors la violente tentation de tout laisser. »

Si l'on examine attentivement le travail de démolition et de corruption accompli par la troisième république pour l'Angleterre pendant ces soixante ans, on constatera qu'elle a causé plus de mal et de ruines que les guerres de religion et la première révolution réunies. Faisons le compte ; établissons la situation, c'est facile.

Depuis quarante ans déjà que les séminaristes vont à la caserne, combien ont été y perdre leur sublime vocation ? Le clergé s'est montré généreux et héroïque pendant la guerre ; son prestige a centuplé ; mais sans blâmer personne, a-t-il l'énorme influence dont il jouissait autrefois ? Depuis que la troisième République s'est obstinée à combattre de toute façon l'action salutaire de l'Eglise, le nombre des prêtres a lamentablement diminué ; dix mille paroisses aujourd'hui sont sans pasteur. Beaucoup s'y accoutument car le bon sens, le sens moral, y ont tellement diminué que les gens ont perdu de vue l'absolue nécessité du prêtre pour former la conscience des enfants et des jeunes gens. Aussi le vol, la violence, l'immoralité qui préparent les divorces et la désolation des familles s'accroissent de plus en plus, presque de jour en jour.

*
**

Mais un des plus grands maux du clergé et des catholiques d'aujourd'hui, c'est la désunion qui a été produite au point de vue politique par ce coup de maître de nos ennemis, qu'on appelle le ralliement. Des plumes peu scrupuleuses l'ont présenté sous un jour absolument faux. Disons la vérité.

D'après la légende qui a régné jusqu'à nos jours, l'initiative de cette mesure extrêmement grave aurait été prise par S. S. Léon XIII; il aurait demandé au cardinal Lavigerie de se sacrifier en portant le toast d'Alger, où il déclarait adhérer à la République.

Voici les faits :

Pendant plusieurs années, l'archevêque d'Alger avait reçu du gouvernement pour ses œuvres, une somme de 250.000 francs. L'année qui précéda le ralliement, la subvention lui est retirée. Le Cardinal va quêter à Paris et à Bruxelles où son prestige, grandi par la croisade anti-esclavagiste, lui fait recueillir 300.000 francs.

Là-dessus, Freycinet va saluer Mgr Lavigerie : il lui déclare que le gouvernement de la République serait heureux de lui redonner la subvention et même de l'augmenter, si l'Eglise catholique, au lieu de lui faire échec, se décidait à adhérer à la forme établie.

Le Cardinal se rend à Rome; il fait part à Léon XIII des propositions de Freycinet. Le Pape se montre assez froid et réservé. Mgr Lavigerie, qui croyait aisément ce qu'il désirait, se fit l'avocat très ardent de cette cause. Le Souverain Pontife naturellement lui permit, on le fait en pareil cas, de tenter l'expérience à ses risques et périls. Le cardinal porta le toast d'Alger. Le lendemain un journal radical de Paris, qui en rendait compte, dit catégoriquement de M<sup>gr</sup> Lavigerie : « Qu'il commence d'abord par renier le Christ, et nous accepterons alors la main qu'il nous tend. »

Dès ce jour, les bourses de presque tous les honnêtes gens lui furent fermées ; c'était d'abord ce que voulait le maçon Freycinet, ensuite et surtout la division malheureuse entre les catholiques qui ont été réduits par là à une faiblesse lamentable.

D'autres prélats trompés de la même façon se crurent obligés par l'honneur à soutenir cette mesure peu politique. Et alors, des cas de conscience, des consultations de théologiens et de canonistes pour aboutir à prouver qu'il fallait être républicain sincère, et presque zélé, pour faire son salut en sûreté de conscience.

La conduite de Rome a fait connaître clairement quelles étaient ses intentions. Des ecclésiastiques savants et vertueux, après information canonique, ont été, quoique royalistes notoires, élevés à l'épiscopat et M<sup>gr</sup> de Cabrières au cardinalat. On peut donc être royaliste et même royaliste ardent.

Si l'Action Française s'est fait condamner, ce n'est pas à cause de ses opinions monarchiques, mais d'abord pour avoir dit, sans avoir pesé tous les mots : « Nous ferons venir le roi par tous les moyens. » Que veulent dire ces paroles ? Entre Français on se comprend assez bien ; mais beaucoup d'étrangers ont une mentalité différente. Cette parole, à leur sens, veut dire : « Nous ferons venir le roi par la bombe, le poignard, la dynamite, le poison. » En ce sens, elle est condamnable aux yeux des catholiques du monde entier. On doit peser les mots des proclamations et publications.

*<br>* *

La république a supprimé tous les Ordres religieux enseignants et missionnaires par ordre de Londres, en 1901 et 1904 ; c'est ce que dit Emile Flourens, ancien ministre des Affaires Etrangères, dans sa brochure *Edouard VII et Clémenceau*. Ce fut sur la plainte du résident anglais en Egypte, lord Crömer, au sujet des Frères des Ecoles chrétiennes qui dirigeaient le grand Collège Sainte-Catherine à Alexandrie. L'influence de la France en a grandement souffert dans le monde presque tout entier, à la grande satisfaction de la Chambre des lords ; conséquente avec elle-même, elle a fait reléguer aux oubliettes du Sénat, où siègent ses amis, la loi des Congrégations missionnaires. Elle commande toujours : comment rétablirait-elle ce qu'elle a détruit ?

Quand existait la concurrence des écoles libres et des écoles laïques, ces dernières étaient obligées de faire travailler leurs élèves ; elles se tenaient à peu près. Aujourd'hui, n'ayant rien à redouter, elles ne font souvent que former les enfants à la fainéantise ; aussi les illettrés pullulent. Les instituteurs communistes, bien payés pour ne rien faire, ont vite de bonnes retraites.

Quant à l'enseignement secondaire, l'Angleterre, par la maçonnerie, croyons-le, nous l'a désorganisé de façon à perdre les études bientôt complètement. Non seulement les programmes changent à tout moment pour dégoûter maîtres et élèves, mais ils sont étendus à plaisir de façon que les branches qui constituent proprement les humanités ne puissent être approfondies; on fera des bacheliers, pas des hommes. De plus, tyrannie incroyable, en voici de la liberté! le programme de toutes les matières est déterminé jour par jour; pas moyen de repasser dans les lycées; on va de l'avant, il faut voir un vaste programme. Tant pis si on n'a pas compris et retenu; on effleure tout. Naturellement on ne sait rien comme il faut; on n'est pas préparé pour les carrières supérieures et même libérales; décadence des études, abaissement des caractères. Tout ceci est voulu; c'est logique avec tout ce qui précède.

Quant à l'école unique, ardemment soutenue par les agents de l'Angleterre, son but est d'abord d'enlever les belles intelligences à l'industrie et au commerce qui en ont absolument besoin pour prospérer et qui n'auront que des croûtes; en même temps de former, de gens sans fortune et mécontents, des chefs intelligents pour les partis du désordre: radicaux, socialistes et communistes. Qui ne voit les desseins de cette Chambre des lords qui de plus en plus commande tout en France? Nous sommes gouvernés, quoique victorieux, intelligents et honnêtes, par d'ignobles étrangers. Quand est-ce que nous les mettrons dehors? Quand serons-nous les maîtres chez nous?

Les Collèges catholiques ont toujours eu à souffrir de la troisième république, maintenant peut-être plus que jamais, car la destruction en France des Congrégations enseignantes, dont le recrutement a été plus ou moins interrompu et rendu très difficile, va produire presque partout une grande crise du personnel. Le professorat est exercé par des sujets admirables, très dévoués, mais la plupart âgés, qui payent de leur personne en remplissant plusieurs emplois. Dans très peu de temps, les Collèges catholiques des diverses régions de la France devront se fermer. Voyons-le dès aujourd'hui.

Du reste jamais, dans notre patrie, jamais le clergé n'a été aussi réduit ; donnera-t-il des professeurs ? Il est condamné aussi, dans plus de la moitié des diocèses, à diminuer encore ; le nombre des prêtres ordonnés chaque année ne compense pas celui des décès. La moitié de nos prêtres sont âgés, quel clergé aurons-nous demain ?

Faut-il en finir avec cette république anglophile qui nous ruine de toute manière et détruit la religion ? Sans doute. En effet dans beaucoup de paroisses, privées d'un pasteur nécessaire, indispensable, la moitié des enfants ne sont pas baptisés. Dans les paroisses bien organisées, qu'est aujourd'hui le nombre presque dérisoire des premières communions en comparaison de ce qu'il était avant la république ? tous les enfants sans exception alors étaient préparés par les religieux et les religieuses à cet acte décisif de la vie chrétienne.

On parle de catéchistes volontaires ; c'est, disons-le franchement, un palliatif dont les fruits, malgré les dévoucments admirables, seront presque nuls ; ouvrons les yeux pour nous en convaincre. Les églises ne sont-elles pas vides dans plusieurs endroits ? et dans les autres le dimanche, la diminution des fidèles tend-elle à s'arrêter ? voit-on peu à peu une meilleure assistance ? Convenons-en ; c'est un palliatif.

Ceux qui voient les choses de près reconnaissent qu'il faut avoir les enfants, filles et garçons, en classe toute la journée comme faisaient les Frères et les Sœurs afin de prendre sur eux un ascendant suffisant, les gagner à Dieu et à leurs parents, les guérir de leurs vices précoces.

La république anglophile ne le permettra jamais. Ce qu'elle tolère aujourd'hui parce qu'elle ne peut faire autrement, elle sait que, par la force des choses, vieux clergé comme professeurs catholiques sont destinés à disparaître à bref délai. Les écoles laïques porteront leurs fruits de stérilité et de mort.

En vain on travaille et on travaillera à faire en France une république simplement honnête, l'Angleterre qui commande chez nous ne le permettra jamais ; elle est logique avec elle-même. Ce qui lui a si bien réussi jusqu'à présent, elle le continuera avec la constance qui la caractérise. Elle se vaut et se vaudra. de tous les moyens ; surtout elle n'ignore pas la grande maxime machiavélique : *diviser pour régner*. Les Français, désireux du plus grand bien, sont extrêmement divisés au point de vue politique : royalistes, bonapartistes, républicains de toutes nuances.

Le clergé étroitement uni sur la question religieuse est d'une dignité de vie admirable qui, s'élevant à l'héroïsme sur les champs de bataille, l'a revêtu d'un très haut prestige; il pourrait exercer une action décisive dans la libération de la France. Malheureusement deux causes s'opposent à cette action salutaire et rendent le clergé toujours victime de l'anglomaçonnisme. Quelle que soit la valeur du clergé français au point de vue littéraire et scientifique, il y a sur une matière d'une extrême importance une lacune dans son éducation. Un vieux professeur disait à un de ses anciens élèves, séminariste : « Ah! quel régal pour vous que ce cours d'Histoire ecclésiastique qu'on vous fait au Séminaire! » Celui-ci répondit : « Mais il n'y a aucun cours d'histoire! on nous lit au réfectoire le petit Darras en quatre volumes. » Cette lecture aussi intéressante qu'on la suppose doit subir dans les régions de l'attention au réfectoire la rude concurrence des pommes de terre et des haricots, renforcée suivant l'époque des cerises et des châtaignes; qu'en reste-t-il? et cependant l'histoire de l'Eglise!

Quant à l'histoire de France, on dira qu'elle n'a aucun rapport avec les sciences ecclésiastiques et de plus qu'il serait bien difficile sinon impossible de s'accorder là-dessus. Difficile peut-être; impossible non. Partant de cette constatation que l'histoire, de nos jours, est devenue plus partiale que jamais, enseignée qu'elle est dans un but politique, les professeurs consciencieux et instruits l'étudient à fond et la soumettent à une rigoureuse critique; ensuite ils peuvent l'enseigner avec autorité et répondre sans difficulté aux diverses objections. En vain cherchera-t-on à établir l'union entre les catholiques français au point de vue de l'action, d'une action énergique et victorieuse, tant qu'on n'aura point fait l'unité d'esprit sur ce point. Quelqu'un qui étudie sans préjugé ni passion notre histoire est obligé de convenir que la royauté jusqu'en 89 fit de la France, à peu de frais, la nation la plus prospère et le premier pays du monde ; c'était en même temps la nation très chrétienne, au dedans et au dehors. Les trois républiques au contraire, l'histoire est là, ont été et sont les trois grands fléaux de la France. La première, après avoir désorganisé les plus salutaires institutions d'éducation et d'assistance sociale, a déchaîné des guerres folles et de rapine pour lesquelles elle a fait de tout Français de la chair à canon ; elle a établi pour les soutenir des impôts formidables. Ne parlons pas des échafauds et de la lamentable division politique qu'elle a créée. La seconde république, la moins malhonnête, ferma cependant, on l'a dit, les ateliers nationaux à coups de canon. La troisième n'a pas su empêcher la grande guerre qui a fait deux millions de victimes et n'a pas voulu tirer parti de la victoire avec son Clémenceau ; elle nous met à la veille d'une seconde guerre. Que n'a-t-elle pas fait contre l'Eglise et contre la société par vingt lois criminelles intangibles ? Tout Français, ecclésiastique ou civil, qui a examiné ces graves matières, cesse d'être républicain ; abandonnant les chimères, il devient un royaliste zélé, même combattif, usant seulement des armes victorieuses qu'autorise l'Eglise.

*
**

Sur qui peut-on compter pour renverser, en France, cette république que nous avons reconnue véritablement scélérate, au mal immense accompli dans cinquante ans?

La puissance du clergé, si digne en France et si généreux, est toujours considérable; nos ennemis le savent bien mieux que nos amis et que le clergé lui-même; aussi depuis quarante ans emploient-ils avec un lamentable succès le machiavélique moyen : « Diviser pour régner ».

Au point de vue politique, le clergé a été divisé d'abord par la question du ralliement sur lequel nous avons donné la véritable version. Des ecclésiastiques respectables se croient encore aujourd'hui obligés en conscience à être républicains. Nous le redisons encore, c'est nécessaire : S. S. Pie X, de vénérée mémoire, a montré clairement, à diverses reprises, par la nomination de plusieurs évêques et même de cardinaux notoirement royalistes, que le Saint-Siège laisse à tous les catholiques de France une complète liberté sur la question politique; on peut y être royaliste.

D'autres membres du clergé prétendent convertir notre république, aux origines et à la conduite essentiellement franc-maçonnes, en une république sinon catholique du moins libérale et qui laissera toute tranquillité à l'Eglise; vieille chimère! Les maçons du reste ne dorment pas; ils travaillent activement à faire bientôt perdre les avantages péniblement acquis aux diverses élections. Chef-d'œuvre de leur politique actuelle : ne se sont-ils pas servis depuis deux ans, en la trompant d'une manière qu'on peut appeler grossière, de notre Chambre Marin, à majorité nettement conservatrice, pour lui faire voter les cinq monstruosités qu'ils n'auraient peut-être pas osé accomplir eux-mêmes : la stabilisation du franc à vingt centimes, la ratification de la fausse dette ou du moins de la dette exagérée envers les Etats-Unis, les assurances sociales, le plan Young et l'affaiblissement de notre armée en corrélation avec l'évacuation de la Rhénanie ! Une république catholique ou même simplement libérale, avec à côté ou au-dessus l'Angleterre protestante et sa valetaille agissante, la maçonnerie, c'est la chimère des chimères !

Une autre partie du clergé fait profession de se placer en dehors de toute politique afin de ne point irriter les francs-maçons et de pouvoir convertir, n'en ayant point été ennemis, ces malheureux à l'heure de la mort. Il est vrai que ces faux-frères leur donnent de tous côtés des soporifiques à discrétion afin d'endormir les soupçons : croix et cravates de la Légion d'honneur, promesses de rétablir pour l'Eglise le budget des cultes religieusement payé aux maires depuis vingt-cinq ans, permissions au moins tacites de manifestations religieuses ; mais ne pourrait-elle pas dire du clergé, notre maçonnerie gouvernementale, ces paroles du poète :

**J'embrasse mon rival, mais pour mieux l'étouffer ?**

Si le clergé au milieu de toutes ces divisions ne s'aperçoit pas que sa vie est en jeu, toujours en jeu, tout comme au XVI$^{me}$ siècle au temps des guerres de religion et en 93 à l'époque des échafauds, il disparaîtra fatalement de notre France au temps prochain, calculé par nos ennemis. Toutes les mesures sont prises dans ce but; elles sont constamment en action et produisent déjà en grand le résultat poursuivi. Les ennemis ont coupé les neuf dixièmes des racines du recrutement sacerdotal par la laïcisation des écoles communales et la suppression de quarante mille écoles congréganistes. De plus la loi militaire de 1889 a fait perdre exactement à l'Eglise, dans ces quarante dernières années, dix mille sujets détournés ou pervertis à la caserne. Si ces trois mauvaises lois ne sont pas rapportées, si les écoles communales ne retrouvent pas leurs antiques régents catholiques, moralisateurs des masses et recruteurs du clergé, la France avant dix ans sera un pays de mission; tous les prêtres âgés auront disparu et ne seront pas remplacés; qui y aura-t-il?

C'est le régime avec toutes ses lois criminelles déclarées intangibles qu'il faut renverser honnêtement. Le clergé uni sur cette question décisive, vitale même, comme on l'a démontré, pourra énormément et presque tout. Sans doute il y a des membres éminents du clergé parfaitement renseignés qui savent, pour s'en être rendu compte, que notre troisième république a été, est encore une grande criminelle. Dans le cours de ces soixante années, elle a fait à l'Eglise et à la France sans exagérer cent fois plus de mal que tous nos rois, même les plus mauvais, en quatorze siècles. La démonstration de cette vérité est extrêmement facile ; il suffit de connaître les faits de ces soixante ans et de les apprécier.

Quelqu'un a dit avec grande raison : « En France, ne sont républicains que les ignorants et les profiteurs » ; ignorants de l'histoire contemporaine absolument affreuse par la guerre qui a trop duré et la paix absurde qui a été faite, par la dénatalité, la corruption de la jeunesse et de l'esprit public, les rudes coups portés à l'Eglise et dont elle se ressent ; profiteurs éhontés qui augmentent sans cesse les contributions directes et indirectes levées sur le travailleur honnête, pour nourrir qui?... le fainéant français et le chômeur anglais, non point au pain et à l'eau, mais au bifteck, au beurre et au wisky. « Comment? dira-t-on. — Par le capital anglais sagement placé dans les quatre-vingt-dix-neuf centièmes de toutes nos entreprises industrielles, agricoles et commerciales.... » C'est là, quand elle le voudra, que la France appauvrie, noblesse, peuple, bourgeoisie, retrouvera les richesses qui lui appartiennent.

En France ne sont républicains que les profiteurs et les ignorants qui ne connaissent ni l'histoire, ni l'économie politique, ceux qui ne savent pas à quoi rime chez nous la stabilisation à quatre sous. On devrait, on doit s'instruire de ces matières importantes quand on est, par sa position, du nombre des autorités sociales. Qu'après nous avoir grugés, on se moque de nous et de notre ignorance, c'est le comble ; le Français si intelligent peut comprendre facilement ces matières accessibles à l'esprit lourd de l'Allemand autant qu'à l'esprit malin de l'Anglais.

Il ne semble pas dans les circonstances actuelles que le bon parti puisse de quelque temps, et peut-être de bien des années, compter sur la majorité du clergé français pour changer comme il le faut radicalement notre situation; mais peut-il faire fond sur le peuple?

Le peuple qui n'a pas beaucoup de réserves est préoccupé par les nécessités de la vie. Si par curiosité il lit le journal, est-ce en vue d'influer sur la politique? Aucunement. A peine même le peuple si intelligent et si laborieux de Paris s'émeut-il des grandes iniquités. Les élections ne passionnent que les profiteurs; les deux tiers des électeurs ne votent pas ou ne se font pas même inscrire. Le jour où l'on reviendra tranquillement aux pratiques d'autrefois, où on laissera pour toujours toutes ces élections qui ont occasionné tant de convulsions politiques et fait dépenser inutilement en pure perte des sommes considérables, le peuple français qui dans son bon sens s'abstient de voter dans des élections truquées, fera facilement son deuil de cette sotte et perfide importation anglaise. Des gens peu réfléchis voudraient au contraire l'étendre aux femmes afin sans doute de mettre une cause de division de plus dans les familles; il n'y en a peut-être pas assez! Les élections, toutes les élections sont à supprimer; elles n'ont en France favorisé que le mal, est-ce vrai depuis soixante ans?

Demander au peuple qui n'a pas le temps et qui se désintéresse en masse de la politique qu'il veuille prêter maintenant un concours efficace, il ne faut nullement y penser. Le peuple français encore sain subira longtemps le joug en gémissant; il fera des vœux pour le succès de la bonne cause; dans sa piété, si on l'y exhorte, il la recommandera à Dieu avec ferveur et à la Sainte de la patrie; il n'ira pas plus loin.

La France est-elle donc perdue? Va-t-elle s'abîmer dans peu sous les coups perfides de l'Angleterre au fond des tristes et honteux précipices du vice et de l'esclavage? Le fruit des glorieuses victoires de la Pucelle et de son cruel martyre seront-ils donc à jamais perdus?

Non, mille fois non! Dieu, dit saint Augustin, a fait les nations guérissables. Il a mis en elles des éléments de vie et des germes de résurrection. Mettons ces germes féconds dans les conditions favorables; ils donneront bientôt des fruits. Sachons employer ces forces latentes que, glorieuse et vigoureuse nation, nous avons en réserve; faisons-en la revue et le dénombrement.

Nobles familles, sauvez-nous; la France vous en sera reconnaissante.

# TROISIÈME PARTIE

## La Noblesse française d'aujourd'hui

La révolution anglomaçonnique a porté à la Noblesse française trois coups qu'elle croit mortels. Elle a supprimé le droit d'aînesse et les majorats en vue d'amener, avec les partages, l'anéantissement de la fortune familiale ; elle s'est flattée ainsi, dans quatre ou cinq générations, de ne voir plus en France que des nobles devenus gueux, objets de dérision et de pitié. Une dame noble, directrice d'un simple bureau de poste à la campagne !... un marquis ou un comte, chargés des recouvrements plus ou moins humiliants et ennuyeux d'une banque !... une demoiselle distinguée, femme de chambre ou vulgaire laveuse de vaisselle, Messieurs et Dames, le voulez-vous ?... Ah ! le sang noble bout dans les veines ! « C'est là que nous mènent ces gueux d'Anglais !... » Oui, cela sera si nous n'avisons pas promptement, même immédiatement.

Deuxième coup plus perfide et peut-être aussi plus dégradant. L'anglomaçonnisme a dit : « Nous ferons du noble un cancre, un sot. » A quoi riment la suppression des grands Collèges de Jésuites qui ont formé la glorieuse noblesse du grand siècle et le bouleversement continuel des programmes du baccalauréat? « A former des cancres ! »

Il y a quelques années, M. le chanoine Izans, compatriote de Foch, était curé de la grande paroisse Saint-Louis à Bordeaux. Il est mandé à Paris au ministère des Cultes. « Monsieur le Curé, nous avons pensé à vous pour l'Evêché d'Angoulême ; seulement nous désirerions que vous fassiez tomber le Collège Saint-Paul où s'élève toute la noblesse de l'Angoumois. » Le curé lève les yeux et, regardant bien son interlocuteur : « Monsieur le Ministre, dit-il, si je dois être Evêque, je veux l'être tout à fait ». Et il sortit du ministère.

A Bordeaux, ses amis l'attendaient à la descente du train ; et comme ils commençaient à lui en donner du Monseigneur : « Messieurs, leur dit-il, je viens de déchirer ma mitre ! »

Celui qui fut nommé à Angoulême, M. l'abbé Mando, archiprêtre de la cathédrale de Saint-Brieuc, était le frère d'un député radical. Bien qu'il ne fût âgé que de quarante-deux ans, il ne fit pas long séjour sur le siège de Saint-Ausone ; il y mourut au bout de dix mois. On avait fait le vide autour de lui.

Qui ne croira que des propositions semblables n'aient été faites à ce sujet? Ah! si les catholiques ont oublié ce que sont les Humanités anciennes ou modernes, s'ils ignorent l'influence énorme de la Littérature, de la Philosophie, de l'Histoire et du Droit pour former un homme, même un grand homme, quand on les a approfondies, nos radicaux pas plus que Julien l'Apostat ne l'ont mis en oubli. Quand à Londres, à la Chambre des Communes, des députés innocents demandèrent qu'au baccalauréat anglais on ajoutât comme au baccalauréat français les sciences naturelles et les mathématiques, le vieux Gladstone se leva : « Non, jamais, dit-il, jamais, jamais ! tout cela, si on en a besoin, aux écoles complémentaires d'ingénieurs. Ne touchons pas à nos Humanités. »

Notre noblesse d'aujourd'hui a-t-elle souffert par suite de cette véritable conspiration ? En tout cas, elle est avertie. Mgr Dupanloup disait déjà en 1865 : « Nous faisons des bacheliers, nous ne faisons pas des hommes ! » A notre glorieuse noblesse de voir ce qu'elle doit demander, pour ne pas déchoir, aux Directeurs de nos Collèges catholiques : le vulgaire bachot républicain ou la forte éducation littéraire et profondément philosophique qui fait les hommes ? A notre intelligente noblesse de tracer la voie, de donner l'exemple en choisissant bien.

Troisième coup, prétendu mortel, l'éloignement de la noblesse des carrières publiques. Sauf le triste Freycinet, le traître de 70, et quelques rares républicanisants, la noblesse a été évincée de toutes les fonctions publiques où elle aurait pu rendre les plus signalés services. Aux officiers nobles on a longtemps préféré les maçons incapables ou même ineptes, qu'il a fallu *limoger* la première année de la guerre. Seuls, malgré tous les obstacles, avaient percé les génies de premier ordre, de tout premier ordre : de Miribel, de Boisdeffre, de Castelnau, Franchet d'Espérey. Dans les administrations, sauf peut-être à la Banque de France où il faut des intégrités absolument héroïques, les nobles ont été écartés. Tout de même aujourd'hui dans les ambassades, pour tromper jusqu'à un certain point les pays étrangers, on a admis quelques titres nobiliaires.

*<br>**

Admirons les dispositions si sages de la Providence à l'égard de notre glorieuse aristocratie. Si elle avait été associée aux mesures désastreuses de toute nature par lesquelles cette troisième république a fait plus de mal à notre pays que le protestantisme et le jacobinisme réunis, quelle honte et quelle responsabilité devant l'histoire ! Ce n'est pas de notre glorieuse noblesse qu'on a pu dire :

**Comment en un plomb vil l'or pur s'est-il changé ?**

La majorité, la presque totalité des nobles souches françaises s'en est tenue à la magnifique devise du passé : « Les écus avant les écus ! » Elle n'a donc pas voulu altérer le sang si pur qui coule dans ses veines en le mêlant de sang étranger.

« Mais, dira-t-on, ne vous faites pas illusion ; croyez qu'un siècle entier si funeste, qui a passé sur les fils des preux, n'a pas laissé que de les déprimer, sinon en totalité, du moins en partie. » Brimés, oui ; déprimés, non ! Constatons-le avec fierté, une noble fierté.

La noblesse a-t-elle fait son devoir dans la grande guerre? Quelle est, de ses familles, celle qui n'y a pas laissé un ou plusieurs membres?

L'épiscopat dans l'Eglise de France n'a-t-il pas déjà plusieurs prélats nobles qui l'honorent?

Et dans les fastes de la sainteté et du plus pur héroïsme, le nom du P. de Foucauld ne brille-t-il pas de nos jours avec éclat près de Guy de Fongalland?

La noblesse française évincée des charges publiques s'est-elle croisé les bras? est-elle restée sans rien faire?... Tandis qu'une part se réfugiait dans le champ glorieux des bonnes œuvres et soutenait de toutes façons l'Eglise de France attaquée par l'anglomaçonnisme, une autre fraction, comme le géant Antée, a repris contact avec la terre qui lui a redonné toujours une puissante vigueur. Aspirer à guider aujourd'hui l'agriculture dans des voies nouvelles comme on l'a dirigée dans les siècles passés, quelle noble tâche qui lui regagnera l'estime et la reconnaissance des populations agricoles! quel rôle magnifique et de premier ordre dans le problème de la désertion des campagnes!

Ah! il y a un point, oui, un point sur lequel, par suite de renseignements faux, a fléchi, et même trop fléchi l'antique fierté de notre magnifique noblesse. Par suite des viles attaques d'écrivains soldés par la troisième république, des odieuses calomnies inventées par Lavisse et consorts contre les institutions glorieuses de l'ancienne France, certains nobles, qui ont trop peu étudié l'histoire, cette savante institutrice du genre humain, ont cru leurs illustres familles entachées de ces folles cruautés! Comme le roi Charles VII, ils ont douté de la légitimité de leurs droits!

Leur histoire très glorieuse que nous avons remise sous leurs yeux, et qui est de nature à leur redonner toute leur noble fierté, ne s'est pas terminée en 93 avec les palmes et les couronnes du martyre; elle doit continuer, Dieu le veut!

L'Angleterre voudrait ensevelir à tout jamais ses illustres vainqueurs de Fontenoy qu'elle croit morts et déshonorés, sous la pierre tombale de l'oubli; elle n'y réussira pas. Les nobles, comme les moines, chez nous sont immortels; ils forment même l'ossature de la France.

Que doivent-ils faire demain pour sauver encore la patrie, mais cette fois anéantir l'Angleterre et la rayer de la liste des nations pour le bonheur de l'Eglise et de l'humanité? C'est ce que nous allons voir dans la quatrième partie de cet ouvrage.

# QUATRIÈME PARTIE

## Que doit faire notre Noblesse?

Avez-vous lu la pieuvre de Victor Hugo dans les *Travailleurs de la Mer?*

Quelle image plus frappante de notre patrie enveloppée et ligotée par la pieuvre anglaise qui travaille à l'affaiblir pour ensuite la dévorer! Monstre marin horrible des rochers, cette pieuvre, par une de ses tentacules, saisit la pauvre victime au bras gauche; elle s'y enroule en spirale avec la pression d'une courroie et la poussée d'une vrille. Puis c'est une autre lanière qui lui entoure le corps avec des enfoncements ronds, horribles et autant de lèvres collées à sa chair et qui cherchent à lui boire le sang. Une troisième, une quatrième s'enroulent autour des jambes pour l'immobiliser. Des huit bras de la pieuvre trois adhéraient à la roche et cinq aux diverses parties de la victime qui avait sur elle deux cent cinquante suçoirs.

On ne s'arrache pas à la pieuvre; tout effort, toute secousse produit plus de constriction.

La pauvre victime n'a qu'une seule ressource; avec son bras encore libre, saisir son couteau.

La pieuvre sort du rocher sa sixième antenne pour enlacer ce bras. En même temps, elle avance vivement la tête pour appliquer sa bouche à la poitrine de la victime qui heureusement a saisi son couteau. Celle-ci évite la tentacule et appuie sur la tête hideuse sa main armée; puis faisant un cercle autour des deux yeux, elle arrache la tête à la pieuvre comme on arrache une dent.

Les quatre cents ventouses lâchent à la fois le rocher et la victime qui aperçoit alors au fond de l'eau deux tas gélatineux, la tête d'un côté, le reste de l'autre. La bête était bien morte.

Quel bras reste à la France, enveloppée dans son administration, ses écoles, sa magistrature, son armée, sa marine, son gouvernement?

Le bras vaillant de sa noblesse.

Ce bras est-il assez fort? Y a-t-il des yeux chez les nobles assez vifs pour le guider?

Nobles gentilshommes, qu'étaient vos pères? Pourquoi n'y avait-il rien au monde qui fût capable de les arrêter, rien qui pût les faire trembler? Ils étaient, si on peut le dire, excessivement forts et forts de toute manière.

Sortis très tôt d'auprès des jupons de leur mère, ils n'avaient devant les yeux que des exemples de vaillance et d'énergie.

Le pain qu'ils mangeaient alors, le pain fabriqué au manoir, c'était le pain complet, non point le pain d'amidon que l'on mange aujourd'hui, pain dont on a sorti le gluten, la partie substantielle, pain sucré qui bouffit mais donne peu de forces, pain de déchéance véritable.

Vos pères faisaient des armes et du cheval.

L'escrime, quelle magnifique école de vigueur! rien ne la remplace. Quoi de plus méthodique? La culture physique d'aujourd'hui, peu scientifique, les sports seront bientôt la ruine de la beauté et de la vigueur de notre race. Le foot-ball, véritable malpropreté importée d'Angleterre, a fait déjà ses preuves. Tandis qu'il développe le mollet plus que de raison, il exige du moteur central qui est le cœur un travail exagéré, insensé qui le ruine. Pendant la guerre, un major devait rejeter huit sur dix des joueurs de foot-ball. Impropres au service, ils n'étaient bons que pour le cimetière à cause des perturbations profondes de leur cœur; c'est un jeu qu'on devrait proscrire complètement. L'anglomaçonnisme a fait voter trois millions du budget pour le favoriser; on sait ce que cela veut dire, le bien que nous veut l'ennemi.

Mais l'escrime et le cheval, la bonne équitation, quelles écoles de vigueur physique et morale!

L'intelligence elle-même y trouve son compte. Un jeune homme se faisait remarquer par une activité d'esprit et une vigueur d'attention extrêmes, mais sans la moindre fatigue; et en même temps par des questions excessivement intelligentes. On s'informe de ses habitudes; depuis trois ans déjà il prenait, à jour passé, son heure et sa leçon d'escrime.

Les dames elles-mêmes trouvent, dans ces pratiques et celle du cheval, cette étonnante vigueur qu'elles transmettront à leurs enfants et qui est une partie, disons-le, essentielle de la nature noble française.

N'y aurait-il pas chez notre noblesse un oubli, un abandon même de ces puissants exercices qui ont fait leurs preuves et qui nous ont valu des types achevés de souplesse, de vigueur, d'agilité et de résistance vraiment merveilleuses? Rejetons immédiatement, impitoyablement les pratiques de culture physique d'importation anglaise: tennis, rugby et tout le reste; c'est mauvais; ils n'ont pas fait des soldats, seulement des amateurs.

Avec la vraie culture physique, tout à fait scientifique, extrêmement bienfaisante, et qui possède une magnifique influence sur l'esprit et le cœur afin de nous rendre intelligents et vertueux, il faut absolument joindre cette splendide culture des facultés supérieures, que les anciens ont si bien nommée les *Humanités*.

Mais qu'est-ce que les Humanités? Ce sont les quatre spécialités d'enseignement, extrêmement importantes, dont une étude bien dirigée, suffisamment approfondie, fait de l'enfant un homme rempli de raison et de sagesse, avisé et disert, attentif à tout, orné des nobles sentiments qui conviennent à la nature humaine, bien convaincu et résolu, ferme dans ses desseins, intrépide pour les exécuter. (*Vir, virtus*). Ces quatre spécialités, enseignées dans toutes les nations civilisées, sont la Grammaire, la Littérature qui en est le magnifique complément, la Philosophie catholique et l'Histoire. Un cours de Mathématiques, avec de nombreux problèmes, donnera plus tard au raisonnement de la rigueur, de la clarté, de la précision et de la rapidité, qualités extrêmement utiles dans la vie; ces sciences sont un supplément aux Humanités, qui n'est point à négliger, qu'il faut ajouter d'ordinaire, mais plus tard.

Qui sait si ce complot formé à Londres contre nos Humanités, qui a fait baisser sensiblement le niveau des études, presque autant dans les Collèges catholiques que dans les Lycées, n'a pas eu sa funeste influence jusque sur les fils de notre noblesse? Il est à peu près impossible qu'ils n'en aient point souffert en quelque chose.

*<br>* *

Mais que fait-on quand un séjour prolongé dans des régions peu saines a débilité l'organisme?

Après en être sorti on va, suivant le cas, à la mer ou à la montagne faire sa cure de soleil et d'air pur, de belle vue et de gaîté, avec l'alimentation réconfortante indiquée par l'expérience et une science sûre.

Pour se guérir de l'anémie, de la chlorose intellectuelle contractée à la poursuite du baccalauréat républicain, il n'est tel que de suivre le bon système des Jésuites, les maîtres des maîtres, haïs au suprême degré par l'anglomaçonnerie de France et de l'étranger.

Si vous entrez chez les Jésuites avec votre baccalauréat et même votre licence, on vous fait accomplir d'abord vos deux ans de noviciat pendant lesquels on vous apprend, avec le même soin, à bien laver ou écurer la vaisselle, à bien faire et tracer sur vous le signe de la croix, à marcher comme tous les Jésuites ainsi qu'à vous tenir à table très convenablement, enfin à méditer profondément et à vous élever sur les deux ailes de l'amour divin, mais avant tout, surtout et par dessus tout, à obéir à la perfection.

Le noviciat terminé, si vous n'êtes pas destiné aux humbles travaux de la porte ou du temporel, tout simplement vous *recommencez* vos études. « Qu'est-ce que la grammaire ? Combien y a-t-il de consonnes ? » tout ce qu'il y a de plus élémentaire. Il paraît cependant que les scolastiques munis du doctorat ne commencent la grammaire qu'aux verbes impersonnels. Qu'arrive-t-il ? Ces études que bambin on avait faites sans les comprendre, l'esprit mûri par le noviciat on y trouve une propriété de termes, une exactitude de définitions, une perfection de divisions et subdivisions savoureuses, *super mel et favum*. Quant à la littérature, à la fameuse rhétorique, pas mal de Jésuites y arrivent à une pénétration qui fait le désespoir de leurs ennemis, témoin ce Jésuite de Toulouse, surveillé par la police, et qui avait promis de parler en chaire de Constans le vidangeur de Barcelone, l'expulseur de moines, et finalement, ô contradiction, leur défenseur et protecteur attitré à Constantinople, ville de Constans et de Constantin. Le discours assez long du Père avait été suivi avec attention ; on attendait avec impatience le morceau promis ; rien de la république et de ses ministres. A la fin, et au moment de descendre de chaire, le Père lance cette vive exhortation qui émut tous les beaux esprits : « Soyez constants, mes frères, et après avoir mené une vie d'ange, soyez certains que vous arriverez à la félicité ! » Ah ! la rhétorique.

Et la philosophie ? prenez le P. Lahr. En a-t-il vu le fond ? Quel plaisir de voir chez lui, pour être à la page, tous les appareils psycho-physiologiques avec les deux pointes sèches du compas ! Les Jésuites, ils les connaissent les fameux sophismes et leurs réfutations ; ils ne se laissent pas envelopper facilement comme le moucheron dans ces fameuses toiles d'araignée. Quand il le faut, les Jésuites discutent en forme, mais quand l'absurde est outré, ils connaissent l'argument de La Fontaine. Pascal les a simplement caricaturés.

*<br>**

Avez-vous contracté la chlorose universitaire ? Reprenez vos études en sous-œuvre, mais demandez et suivez une direction de quelqu'un qui connaisse si bien les humanités qu'elles aient fait vraiment de lui un homme.

Et comme le musicien fait ses gammes, vous, jeune ou vieil étudiant, faites vos exercices journaliers de mots pour acquérir beaucoup d'idées, et claires, et précises, et neuves ; étudiez-en l'étymologie, la composition et la décomposition, les belles familles, la synonymie pour avoir toujours le terme propre ; allez même plus loin, voyez-en la place dans l'ordre logique de très grande utilité.

Faites des exercices de pensée, apprenez les principes des trois ordres : matériel, intellectuel et moral :

**Avant donc que d'écrire, apprenez à penser !**

Puis cherchez à vous énoncer sur divers sujets ; imposez-vous vingt-cinq, quarante pensées, par exemple sur le temps ; quel exercice fécond ! Les plus difficiles à trouver sont les dix premières ; les autres, quel jeu ! et combien agréable ! Par la répétition, et c'est un magnifique principe de philosophie, les actes deviennent *plus faciles, plus rapides, plus agréables et plus parfaits.*

Enfin troisième classe d'exercices : ceux qui sont relatifs à la forme qu'il faut varier, rendre neuve, adéquate surtout. Etudions à fond la littérature et la philosophie. Cicéron disait que l'orateur doit aller quatre ou cinq ans à l'école des philosophes pour apprendre parfaitement les principes ; c'est ce qu'il a fait lui-même, donnant cet exemple magnifique.

Apprenons à composer, à débiter ; c'est le dernier pas. Nous aurons alors une légitime et salutaire influence sur nos semblables. Faisons-nous dans ce cas, « des amis prompts à nous censurer », comme le dit Boileau :

> Qu'ils soient de nos écrits les confidents sincères,
> Et de tous nos défauts les zélés adversaires.

Formons-nous si nous n'avons pas été formés ; il en est toujours temps.

Sachons nous commander : « les vies réglées sont les seules fécondes ». Le bon moment du travail intellectuel, c'est au lever, après nos prières. En général on pense difficilement quand on est sur le travail de la digestion. Levons-nous matin ; le P. Gratry le conseille et le recommande dans son livre des *Sources*. Conformons-y notre conduite pour devenir des hommes.

Etudions ensuite nos auteurs ; approfondissons celui qui est devenu notre auteur de prédilection, La Bruyère, La Fontaine, Chateaubriand, ou encore les auteurs anciens ; il n'est défendu à personne d'être un fin lettré.

Mais ayons véritablement la passion de l'histoire si nous voulons exercer une légitime et grande influence sur nos semblables. L'histoire, on l'a dit, et il y a du vrai, est un perpétuel recommencement. Rien ne ressemble plus à ce qui se fera que ce qui s'est déjà fait ; nous serons à la page, sagaces, perspicaces.

Une dernière science sur laquelle les classes dirigeantes doivent aujourd'hui être de première force, science que nous avons méprisée, ensuite crainte, et finalement laissée aux banquiers : l'Economie politique. Dans les trois pays saxons, c'est la science par excellence, la science suprême ; on la connaît à fond. On en possède les dessus, les dessous, tous les secrets. La vaillante noblesse espagnole, avec Primo de Rivera, avait fait le coup d'Etat de 1923 et gouverné ensuite sagement et brillamment la péninsule pendant sept ans. Elle a vu ébranler son œuvre par suite de son ignorance ou au moins de son peu de science en fait d'Economie politique. Il a fallu qu'une Compagnie de marchands d'essence fît baisser la peseta pour amener la retraite du Directoire espagnol et peut-être rétablir les antiques désordres. De l'Economie politique, il faut tout connaître et jusqu'aux malhonnêtetés, malversations et même canailleries que les autres peuvent commettre par son moyen afin de les prévenir ou de les arrêter.

Une haute capacité, une parfaite compétence

servent merveilleusement pour trouver aux moments critiques les solutions convenables; mais prenons l'engagement formel de repousser absolument en toute chose le libéralisme; ce n'est pas seulement une erreur funeste, c'est positivement un péché ainsi que l'a clairement démontré un éminent théologien espagnol, le savant Don Sarda y Salvany. Son ouvrage de très grande valeur, tous les catholiques un peu cultivés, surtout ceux qui sont appelés à gouverner, devraient le savoir par cœur. Ils y trouveront les plus sages règles de conduite, celles qui attirent les bénédictions de Dieu.

Avant de rien entreprendre, il est extrêmement important de savoir parfaitement ce qu'on veut, et ce qu'on fera, le succès obtenu. Il faut rétablir catégoriquement ce qui existait auparavant et qui a opéré un bien si grand pendant quinze siècles :

1o C'est le gouvernement de la famille par un père, en écartant résolument le parlementarisme sous toutes ses formes qui a été le gouvernement par les pensionnés de l'étranger;

2o Alliances étroites avec les nations catholiques qui permettra la suppression du terrible esclavage qu'est partout le service militaire obligatoire; rétablissons l'armée des volontaires comme avant la révolution;

3o Rétablissement des corporations sans les abus qui s'y étaient glissés;

4o Rétablissement du droit d'aînesse pour la conservation de la fortune familiale, en un mot destruction de tout le mal créé en 1789 par l'anglomaçonnisme pour nous diviser : « L'union fera la force »;

5° Retour aux saines pratiques qui ont si longtemps maintenu la France heureuse et forte. On écarte résolument les méchants de toute l'administration, on ne s'appuie que sur les bons. Les fauteurs de désordre, payés par l'étranger, envoyés au bagne; mais avant tout, guerre immédiate à l'Angleterre.

Après la victoire faisons-nous livrer toute la Chambre criminelle des lords qui sera jugée par notre noblesse en conseil de guerre et passée par les armes. Leurs familles, dépouillées de tous leurs biens, exilées de l'Angleterre, seront réduites à la mendicité ou au travail pénible pour venger ce qu'elles ont fait aux Russes, aux Français et à tant de peuples.

En un mot rien à demi; que le mal cesse, qu'il soit réparé. Etablissons tout un nouvel ordre de choses prenant exemple sur le passé de nos rois.

Et tout comme dans l'Eglise dont les Supérieurs, Cardinaux et Archevêques, ont des réunions périodiques, il faut que la noblesse envoie sans tarder ses mandataires de haute capacité, en nombre restreint, à des réunions annuelles pour se concerter, décider et entreprendre ce qui convient dès aujourd'hui pour le bien de tous et de la France. Formons immédiatement le bureau de ce syndicat noble, le meilleur, le plus nécessaire de tous.

Mais quels conseils donner à des maîtres capables de nous enseigner?

Le vieux Caton s'écria : *Delenda Carthago !*
Disons aujourd'hui : Finissons-en avec l'Angleterre meurtrière et criminelle. Il nous faut la
Chambre des lords ! Nous sommes en état de
légitime défense ; c'est le salut de notre patrie
qu'il faut immédiatement assurer par ce moyen,
cet indispensable moyen. Arrachons la tête de la
pieuvre.

*****
*** ***

Mais avant de terminer disons, de tous les
moyens à prendre dans cette grande Œuvre, le
plus important, celui qui est absolument indispensable.

Si l'on compare les deux plus terribles ennemis de l'Angleterre que la France a donnés au
monde, la Vierge de Domrémy et le grand Napoléon, on est saisi des ressemblances frappantes
que l'on découvre en eux, mais encore plus des
différences considérables qu'offrent leur vie, leur
action et les résultats de leurs fameuses épopées.

Tous deux aiment le canon dont l'effet moral
sur la plus grande partie de l'armée évite une
plus grande effusion de sang. Tous deux ont sur
leurs troupes un ascendant énorme, irrésistible.
S'ils sont trahis par des ingrats, des jaloux haut
placés, ce ne sera point par le soldat toujours
prêt à se faire tuer auprès d'eux et pour eux.
Tous deux ont rudement étrillé la cavale
anglaise ; ils lui auraient mis les flancs au soleil
s'ils n'avaient pas été trahis par des vendus,
dignes de Cayenne et même de l'échafaud ! Les
deux resplendissent dans l'histoire, acclamés de
tous les peuples du monde qui sont les victimes

de la coupable Chambre des lords. Les deux sont morts couronnés de la plus éclatante auréole, celle du sacrifice, avec « ce quelque chose d'achevé que le malheur ajoute à la vertu ! »

Mais par ailleurs, quelles différences ! Le noble et la paysanne ; l'homme vigoureux, savant, la petite Jeannette sans apparence, qui ne sait lire ni écrire ; le soldat élevé au milieu des camps et des bouleversements d'une grande révolution, la fille des champs qui a vécu à l'ombre du clocher et dans les paisibles occupations de la vie domestique.

Cependant tous deux montent à cheval.

Napoléon, l'homme de génie, tiendra tête pendant quinze ans à six grandes coalitions ; il fera des prodiges et réussira à mettre la terreur dans le ventre de la rosse anglaise qui, de cent ans, n'osera attaquer la France ; mais il tombe à Waterloo. La nation qui a compté cent trente départements est réduite aux limites de 1790 ; Louis XVIII qui reprend le pouvoir n'est, avec son Decazes, qu'un palefrenier de la bête anglaise. Charles X, Louis-Philippe et Napoléon III sont à leur tour victimes de ses ruades ; leurs trônes qui paraissaient solides sont jetés à bas ! Et maintenant la troisième république, pour se soutenir, de quoi vit-elle près de l'Angleterre ?...

Napoléon, Napoléon, malgré ton héroïsme et ton génie, dans quel état as-tu laissé la France ?

*Nisi Dominus ædificaverit domum,*
*In vanum laboraverunt qui ædificant eam !...*
*Nisi Dominus custodierit civitatem,*
*Frustra vigilat qui custodit eam !...*

Jeanne d'Arc, sainte Jeanne d'Arc n'a duré que quelques mois. Appuyée sur Dieu, la Vierge, saint Michel et ses saintes, elle terrifie l'Anglais et le chasse dans son repaire. Elle fait couronner le Roi et le conduit sur un trône glorieux qu'elle affermira pour trois siècles. Elle rend la France à elle-même, au bonheur, à la gloire!

*Digitus Dei est hic!*

Quelle méthode allons-nous suivre? celle de Jeanne d'Arc ou celle de Napoléon?

L'expérience est faite. Jeanne, conduisez-nous!

Concluons. La France a vu fleurir tant et de si belles Confréries! il lui en manque une : celle de sainte Jeanne d'Arc. Son siège, tout désigné, sera la Basilique de Domrémy, achevée et consacrée dans les marches de la Lorraine; ses saintes pratiques, celles qu'indiqueront nos illustres Pasteurs.

En attendant, et pour obtenir l'érection prompte et solide de cette Confrérie religieuse et patriotique, qui nous sauvera de la gueule de l'Angleterre, engageons-nous à réciter tous les jours à genoux, dès cette lecture et si c'est possible devant l'image de notre Sainte, tout d'abord un fervent *Magnificat* pour remercier Dieu de nous l'avoir donnée si grande et si belle; en second lieu la prière des humbles, cinq *Pater*, *Ave* et *Gloria* suivis trois fois de cette invocation :

*Sainte Jeanne d'Arc, obtenez la conversion de l'Angleterre et sauvez-nous!*

Si chaque jour, des millions de Français recourent ainsi par la prière à la puissante vierge de Domrémy, le secours ne tardera plus; le Sacré-Cœur se laissera toucher par la Reine de notre

France qui unira ses intercessions à celles de sainte Jeanne d'Arc ; l'ennemi séculaire sera terrassé et il sera détruit pour le plus grand bonheur du monde, du monde entier !

Enrôlons-nous dans cette nouvelle croisade, dans la croisade de la prière et de l'action ; et selon la belle maxime de saint Augustin répétée par saint Ignace : « Après avoir prié comme si tout dépendait de Dieu, agissons ensuite comme si tout dépendait de nous, mais sous les ordres de nos Chefs ! »

La victoire est à ce prix.

A toutes ces conditions, croyons-le fermement, comptons sur une victoire prochaine.

Pourquoi, nous, ne la remporterions-nous pas ?

Quelle gloire pour Dieu ! que de bonheur pour nous ! et aussi combien de malheurs et de larmes évités à des millions de personnes : de près ou de loin l'Angleterre opprime le monde tout entier !

# TABLE DES MATIÈRES

NOBLESSE OBLIGE    NE FORLIGNE PAS
Les Écus avant les écus
Vive le Christ
Ami des Francs
Servir    Servir
— 1793 —
L'échafaud pour le juste
Est le lit de sa gloire.